從戰爭、貿易與建國神話，
詳解長達1200年的
羅馬帝國興衰史

古羅馬解剖圖鑑

本村凌二／監修
紙結歷史編輯部／編輯
童小芳／翻譯

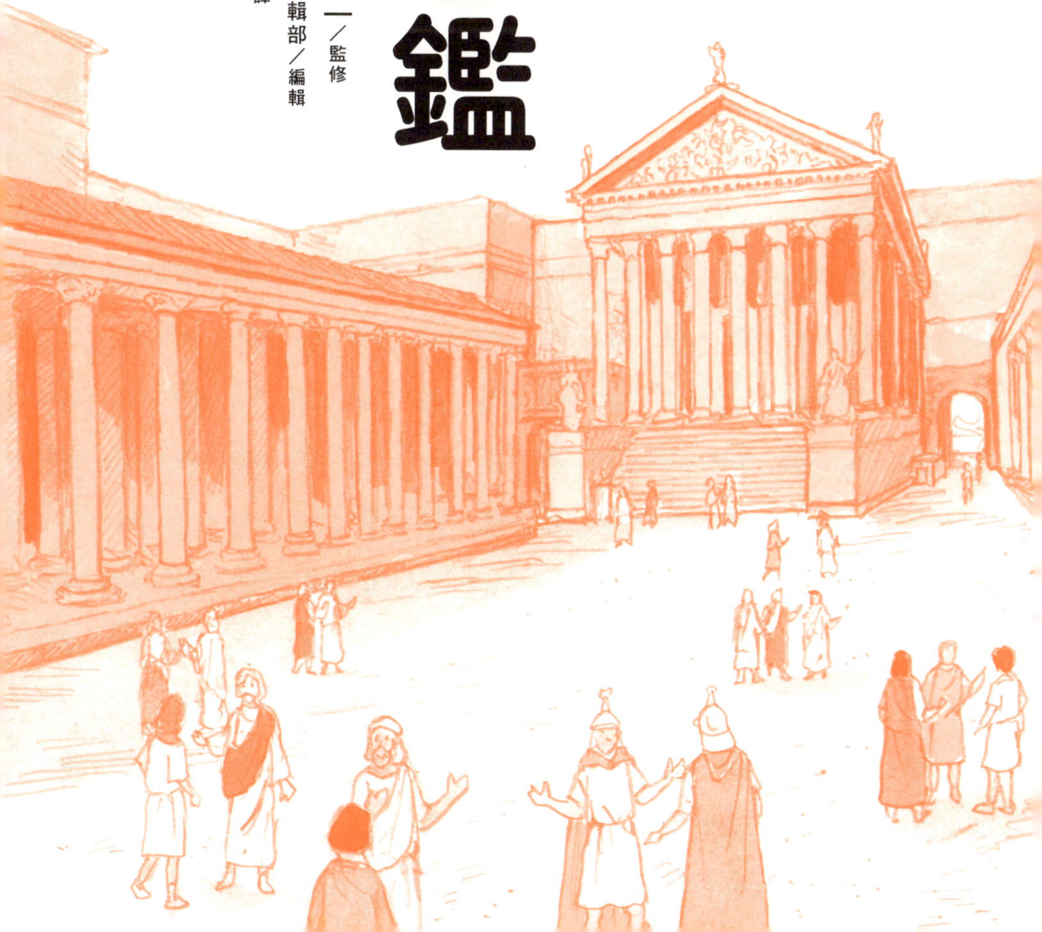

前言

會拿起本書的讀者，想必是對羅馬史多少有些興趣的人。即便不熟悉羅馬史，應該還是有很多人都聽過「骰子已經擲下」、「條條大路通羅馬」與「你也有份嗎，布魯圖斯？」等經典名句。這些呈現的是已經融入我們生活的羅馬史中的一個個情景，這點自不待言。

從西元前７５３年建國至西元４７６年西羅馬帝國滅亡為止，古羅馬約有１２００年的歷史。該時期亦是無數人累積歷史的期間，含括戰爭、羅馬的繁榮、文化的變遷與技術的累積等。在羅馬帝國勢力範圍最廣的時期，不僅義大利周邊，甚至稱霸包括非洲、西亞與埃及在內的地中海沿岸地區，並廣及西班牙、法國與英國。請仔細觀察地圖，想像一下其範圍有多麼廣闊。

古代與現代不同，人們與貨物無法迅速地移動。各個地

區所孕育出的文化也是在漫長的歲月中，隨著人們與貨物的移動而互相交織而成。想像在這段歲月長河中所形成的多樣文化，應該可以感受到歷史的有趣之處。

羅馬史在日本也是較容易令人感興趣的主題，已經出版無數適合大眾的書籍。以照片或插圖作為補充資料來詳細解說的書籍也日益增加。

以文物照片了解歷史演進固然不錯，如本書般以相同筆觸的插圖，將知識彙整成輕鬆的讀物，不也是個好主意？若從長河般的羅馬史中找到感興趣的內容，請務必再找找相關的書籍深入理解。倘若閱讀本書能讓讀者開始接觸羅馬的歷史，便不枉我承接這次的監修了。

在快樂中學習，其他樂趣會接踵而至。將知識連結教養，從何時開始都不嫌晚。盼各位讀者能透過本書感受古羅馬的精髓。

本村凌二

目次

第3章
最強羅馬軍團與戰爭

第4章
古羅馬的建築與土木工程技術

第5章 羅馬市民的生活與文化

編著：株式会社かみゆ
編輯助理：青木一惠、淺野光穗
編輯：別府美絹（X-Knowledge）
裝幀・設計・DTP：株式会社ウエイド
插圖：角 慎作

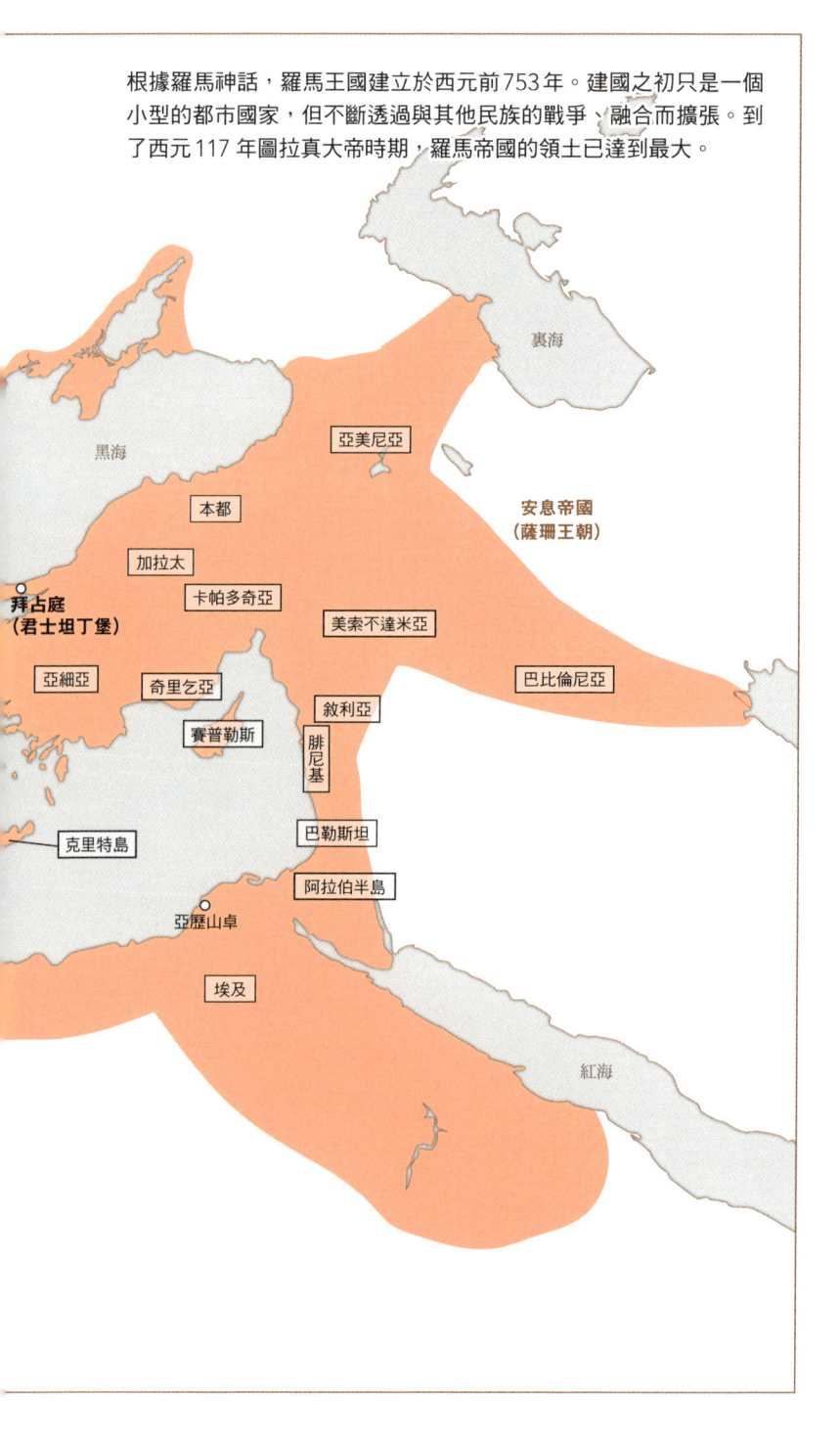

羅馬帝國的最大版圖MAP

根據羅馬神話，羅馬王國建立於西元前753年。建國之初只是一個小型的都市國家，但不斷透過與其他民族的戰爭、融合而擴張。到了西元117年圖拉真大帝時期，羅馬帝國的領土已達到最大。

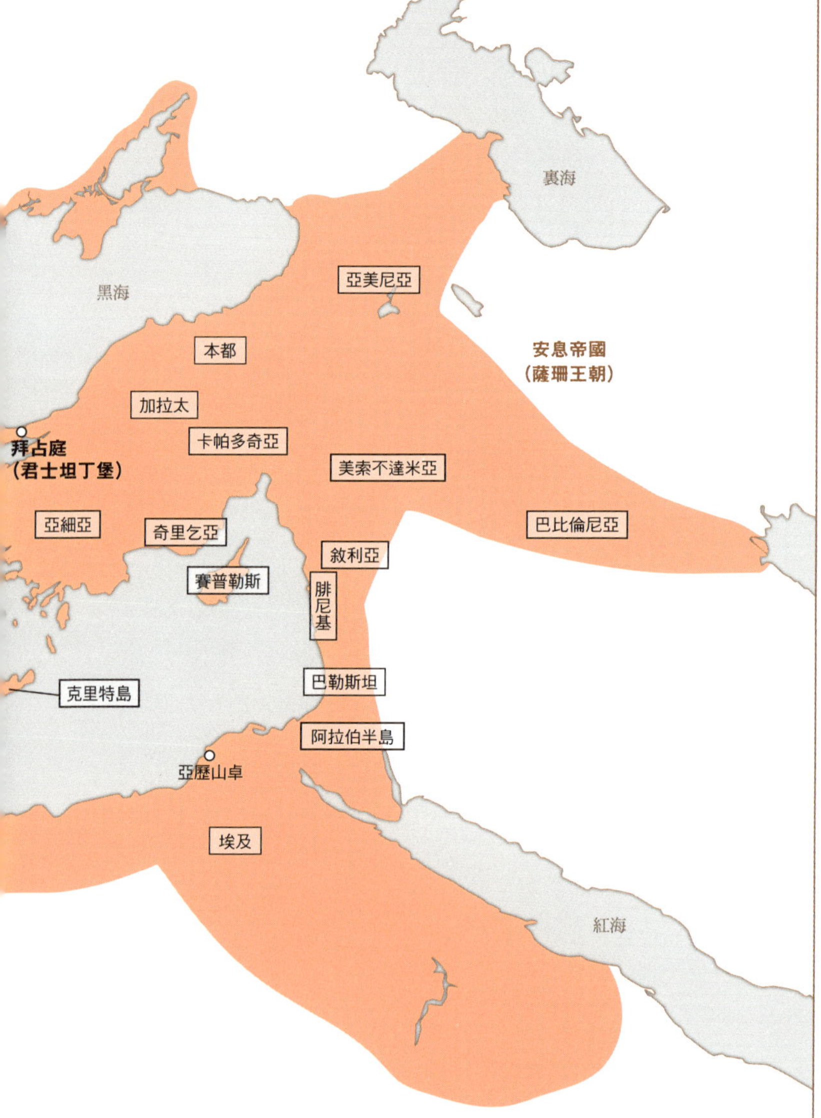

裏海
黑海
亞美尼亞
本都
安息帝國
(薩珊王朝)
加拉太
卡帕多奇亞
拜占庭
(君士坦丁堡)
美索不達米亞
亞細亞
奇里乞亞
巴比倫尼亞
敘利亞
賽普勒斯
腓尼基
克里特島
巴勒斯坦
阿拉伯半島
亞歷山卓
埃及
紅海

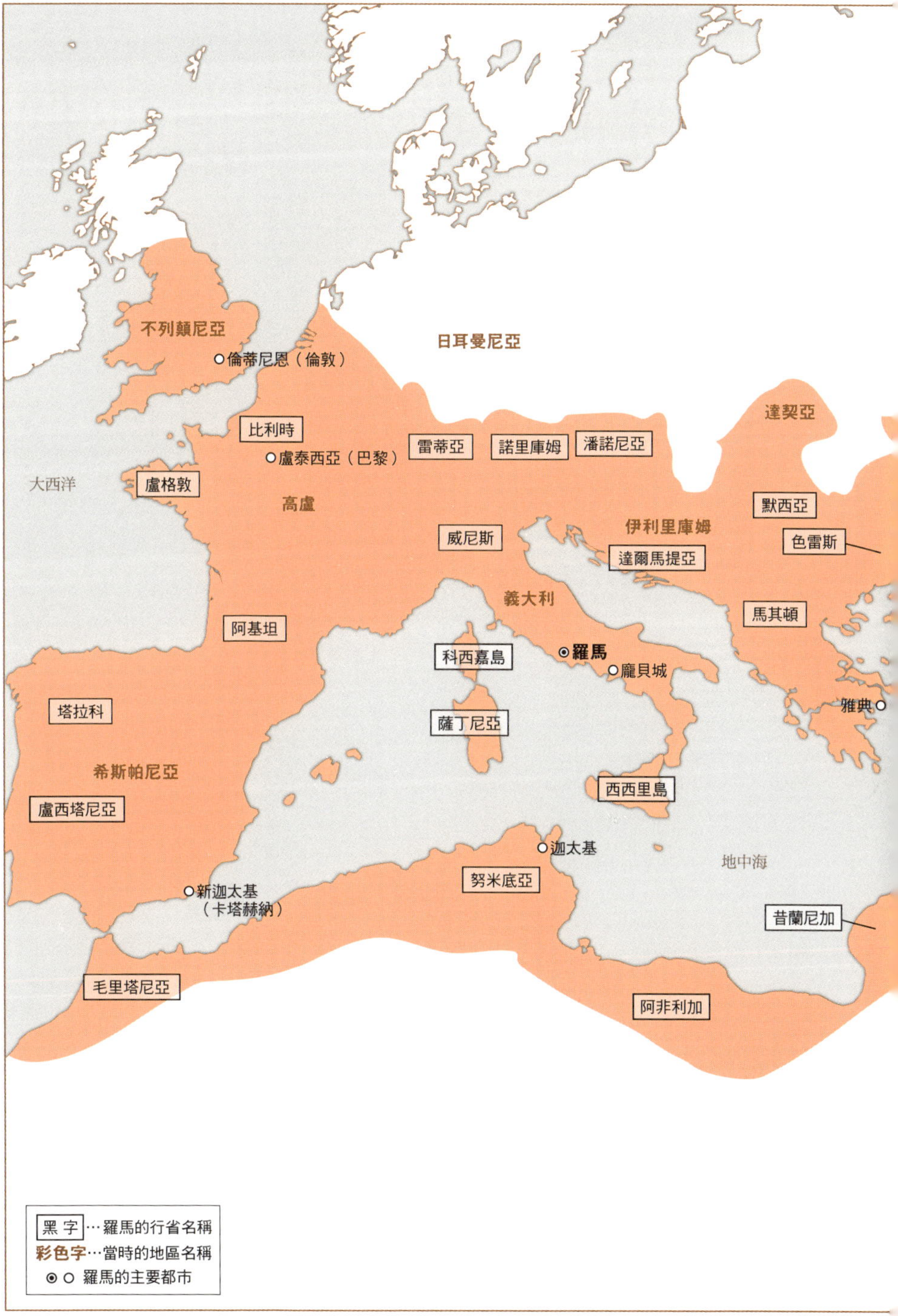

不列顛尼亞
倫蒂尼恩（倫敦）
日耳曼尼亞
比利時
盧泰西亞（巴黎）
雷蒂亞
諾里庫姆
潘諾尼亞
達契亞
大西洋
盧格敦
高盧
默西亞
伊利里庫姆
色雷斯
威尼斯
達爾馬提亞
義大利
馬其頓
阿基坦
羅馬
科西嘉島
龐貝城
塔拉科
雅典
薩丁尼亞
希斯帕尼亞
西西里島
盧西塔尼亞
迦太基
地中海
努米底亞
新迦太基
（卡塔赫納）
昔蘭尼加
毛里塔尼亞
阿非利加
黑字…羅馬的行省名稱
彩色字…當時的地區名稱
◉ ○ 羅馬的主要都市

古羅馬2000年歷史年表回顧

政治體制・王朝等	年代	事件
君主制	西元前753年	第一任國王羅穆盧斯建立了羅馬王國
	西元前715年	薩賓人努瑪・龐皮留斯即位成為第二任國王
	西元前616年	伊特拉斯坎人塔克文・布里斯克斯即位成為第五任國王
共和制	西元前509年	第七任國王塔克文被驅逐出羅馬，從君主制過渡至共和制
	西元前312年	開始鋪設阿庇亞道
	西元前272年	羅馬統一了義大利半島
	西元前264年	第1次布匿戰爭爆發
	西元前218年	第2次布匿戰爭爆發
	西元前216年	在坎尼會戰中，羅馬軍敗給漢尼拔所率領的迦太基軍
	西元前215年	第1次馬其頓戰爭爆發
	西元前202年	在札馬戰役中，大西庇阿所率領的羅馬軍擊敗了漢尼拔所率領的迦太基軍
	西元前200年	第2次馬其頓戰爭爆發
	西元前149年	第3次布匿戰爭爆發
	西元前146年	羅馬將阿非利加的馬其頓設為行省
	西元前133年	提比略・格拉古展開改革

POINT 從君主制過渡至共和制

都市國家羅馬建立於現今義大利的羅馬。最初由國王所統治，但是發生了民眾起義而過渡至共和制。此時期起，市民開始可以積極參與政治。

體制	時期	年份	事件
共和制		西元前123年	蓋約・格拉古展開改革
共和制		西元前107年	馬略展開軍制改革
共和制		西元前82年	蘇拉就任獨裁官
共和制		西元前73年	斯巴達克斯發起叛亂（第3次奴隸戰爭）
共和制	前三頭同盟	西元前60年	由凱撒、龐培與克拉蘇展開前三頭同盟
共和制	前三頭同盟	西元前59年	凱撒就任執政官
共和制	前三頭同盟	西元前58年	高盧戰爭揭幕
共和制	前三頭同盟	西元前48年	龐培遭暗殺，凱撒壓制了羅馬內亂
共和制	前三頭同盟	西元前44年	凱撒遭布魯圖斯等人暗殺
共和制	後三頭同盟	西元前43年	由安東尼、屋大維與雷比達展開後三頭同盟
共和制	後三頭同盟	西元前31年	在阿克提姆海戰中，屋大維擊敗了安東尼與克麗奧佩脫拉的聯軍
帝政	儒略－克勞狄王朝	西元前27年	屋大維獲得了「奧古斯都」的尊稱，成為第一任皇帝
帝政	儒略－克勞狄王朝	西元前4年左右	拿撒勒人耶穌誕生
帝政	儒略－克勞狄王朝	西元6年	羅馬將猶太設為行省
帝政	儒略－克勞狄王朝	西元30年左右	耶穌被處以磔刑
帝政	儒略－克勞狄王朝	西元41年	第四任皇帝克勞狄烏斯即位
帝政	儒略－克勞狄王朝	西元54年	第五任皇帝尼祿即位
帝政	儒略－克勞狄王朝	西元64年	發生羅馬大火，尼祿迫害基督徒
帝政	弗拉維王朝	西元69年	皇帝維斯帕西亞努斯即位，開啟弗拉維王朝
帝政	弗拉維王朝	西元79年	維蘇威火山爆發，龐貝城被毀
帝政	五賢帝時代（涅爾瓦－安敦尼王朝）	西元96年	皇帝涅爾瓦即位，開啟五賢帝時代
帝政	五賢帝時代（涅爾瓦－安敦尼王朝）	西元101年	達契亞戰爭爆發
帝政	五賢帝時代（涅爾瓦－安敦尼王朝）	西元117年	圖拉真大帝將亞美尼亞與美索不達米亞合併，羅馬帝國的版圖達到最大

POINT 三頭同盟的起源

戰爭與叛亂連連，使軍人的權力日益提高。凱撒等3人的政治同盟位處政治核心，共和制走向終結。

POINT 羅馬帝國的誕生

凱撒遭暗殺，屋大維在平息之後的騷亂後，開始推動羅馬的改革，就任為實質上的皇帝。羅馬帝國就此誕生。

帝政

五賢帝時代（涅爾瓦－安敦尼王朝）	西元117年	皇帝哈德良即位
	西元138年	皇帝安敦尼・畢尤即位
	西元161年	皇帝馬可・奧理略即位
塞維魯斯王朝	西元193年	皇帝塞提米烏斯・塞維魯斯即位，開啟塞維魯斯王朝
	西元211年	卡拉卡拉大帝即位
軍人皇帝時代	西元235年	皇帝馬克西米努斯即位，開啟軍人皇帝時代
	西元260年	皇帝瓦勒瑞安努斯淪為波斯帝國薩珊王朝的俘虜
	西元272年	皇帝奧勒良征服了帕米拉
	西元284年	皇帝戴克里先即位
四帝共治	西元293年	皇帝戴克里先開啟四帝共治制
君士坦丁王朝	西元306年	君士坦丁大帝即位
	西元313年	在米蘭敕令中，基督教獲得正式承認
	西元324年	君士坦丁大帝再次統一羅馬帝國
	西元330年	君士坦丁大帝遷都至拜占庭（後來的君士坦丁堡）
瓦倫丁尼安王朝	西元375年	西哥德人入侵羅馬帝國。開啟日耳曼民族大遷徙
狄奧多西王朝	西元379年	皇帝狄奧多西即位
	西元392年	狄奧多西大帝禁止了基督教以外的異教
羅馬分裂為東西兩部分	西元395年	羅馬帝國分裂成東西兩個部分
	西元410年	西哥德人劫掠了羅馬市
	西元452年	匈人入侵義大利
	西元455年	汪達爾人占領了羅馬市
	西元476年	日耳曼人傭兵首領奧多亞塞廢黜了幼帝羅穆盧斯。西羅馬帝國滅亡
	西元1453年	東羅馬帝國遭鄂圖曼帝國摧毀

POINT 羅馬分裂為東西兩部分

羅馬帝國無法維持其廣闊的領土，分裂為東西兩部分。隨著日耳曼人的湧入而逐漸衰退，導致西羅馬帝國滅亡。

POINT 羅馬帝國的全盛時期

羅馬的版圖於五賢帝時代達到最大，迎來全盛時期。其中又以哈德良最受愛戴，因其致力維持羅馬國內的穩定而非擴張領土。

第1章

古羅馬 2000年歷史

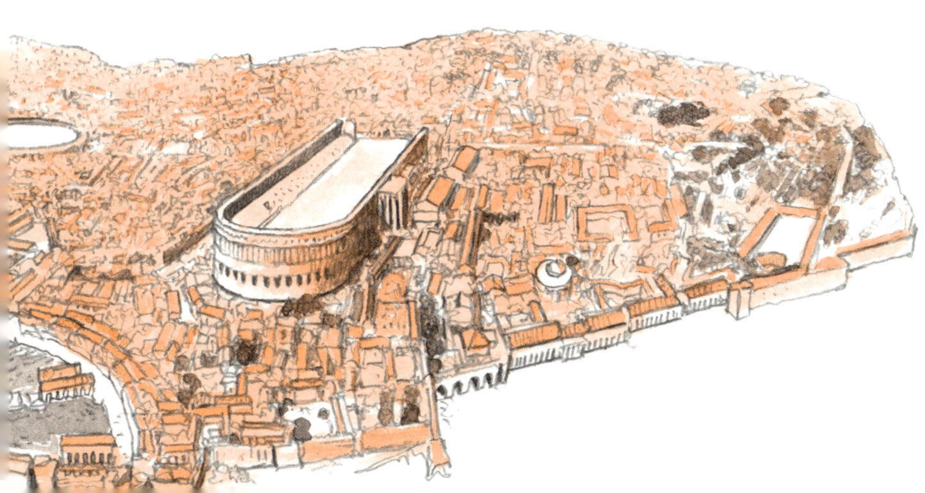

西元前8～前3世紀

古羅馬的起源

從建國神話到君主制，再邁向共和制

根

據神話所言，羅馬王國是由拉丁人羅穆盧斯於西元前753年所建。從第五任開始，由鄰國的伊特拉斯坎人成為國王，但羅馬人在西元前509年揭竿而起，驅逐了傲慢的國王（→P34）。此後，羅馬人開始抱持著身為「自由民」的強烈意識，處處防備獨裁者，逐步建構出共和制體系。出於平民對貴族的不滿而設置保護平民權利的護民官等，循序漸進地完善法律。

另一方面，周圍異民族環繞的都市國家羅馬經常戰火紛飛。在羅馬征服拉丁姆後，周邊的都市紛紛組成「拉丁同盟」來抵禦羅馬。然而，羅馬仍陸續將周邊都市納入羅馬領土。西元前290年擊敗薩莫奈人，開始統治義大利半島中部。進而又鎮壓了南部希臘人的殖民都市，於西元前272年統一義大利半島。

羅馬的建國神話

國王阿穆利烏斯意圖殺死羅穆盧斯與弟弟瑞摩斯這對孿生兄弟，使其遭河流沖走。然而，他們為狼所救並成長茁壯，最終成功向阿穆利烏斯復仇。兩人在創建新國家的過程中發生爭執，經過一場決鬥後，最終由羅穆盧斯成為第一任國王並建立了羅馬王國。

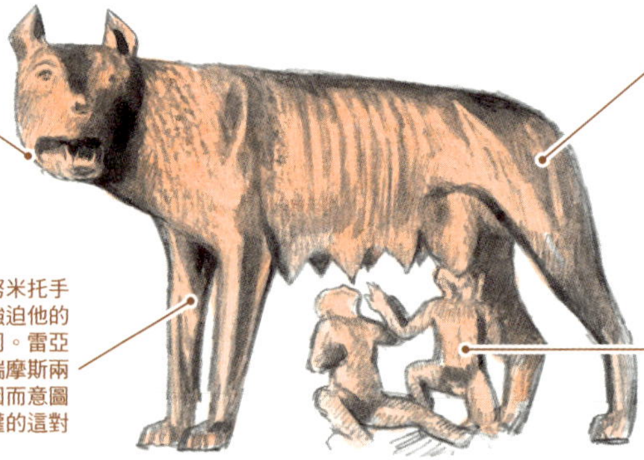

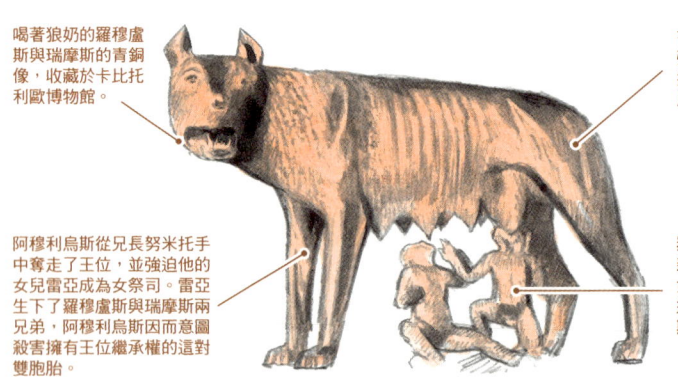

喝著狼奶的羅穆盧斯與瑞摩斯的青銅像，收藏於卡比托利歐博物館。

有一頭母狼叼走了還在強褓中的雙胞胎並將其撫養長大。狼也成了羅馬足球俱樂部的標誌。

阿穆利烏斯從兄長努米托手中奪走了王位，並強迫他的女兒雷亞成為女祭司。雷亞生下了羅穆盧斯與瑞摩斯兩兄弟，阿穆利烏斯因而意圖殺害擁有王位繼承權的這對雙胞胎。

羅穆盧斯與瑞摩斯的母親雷亞已成為維斯塔貞女（→P141），因此必須守貞，卻被戰神瑪爾斯看上而生下雙胞胎。

476	西元235	0	27	60	509	西元前753
東羅馬帝國	帝政後期	帝政前期		三頭同盟	共和制	君主制

共和制的機制

羅馬共和國設置了名為元老院（Senātus）的諮詢機構，並從人民大會中選出政務官作為執行機構。政務官中有2名執政官（Consul）為最高職位。元老院是從貴族出身者中選出，但又從平民中選出護民官（Tribunus Plebis）等，建立一個避免權力集中於個人的體制。然而，在情況緊急時，會選出獨裁官（Dictātor）並獨攬大權。

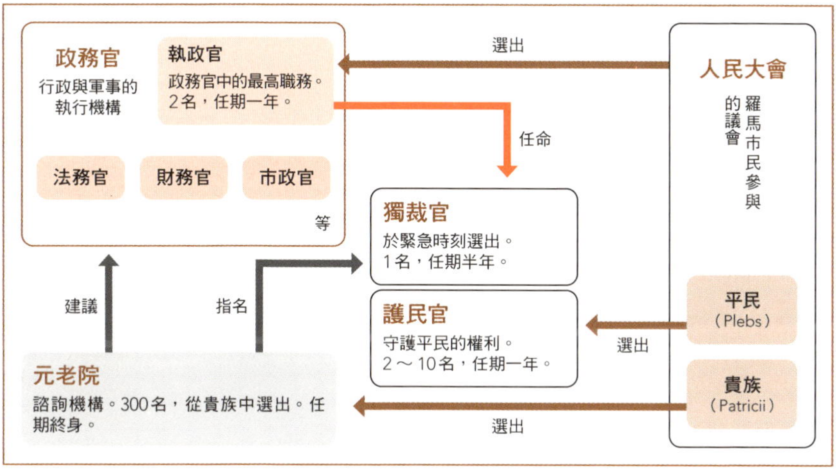
政務官
行政與軍事的執行機構
執政官
政務官中的最高職務。
2名，任期一年。
法務官
財務官
市政官
等
選出
人民大會
羅馬市民參與的議會
任命
獨裁官
於緊急時刻選出。
1名，任期半年。
建議
指名
護民官
守護平民的權利。
2～10名，任期一年。
平民
（Plebs）
選出
貴族
（Patricii）
元老院
諮詢機構。300名，從貴族中選出。任期終身。
選出

羅馬共和國前期的偉人

辛辛納圖斯

兩度被任命為獨裁官，解救羅馬於危難之中。以大公無私的軍人之姿成為傳奇人物。

在西元前458年與埃桂族的戰鬥中，發生一名執政官戰死而另一名遭圍困的事態。辛辛納圖斯成為獨裁官並統領軍隊。

美國愛荷華州的都市名稱辛辛那堤便是取自他的名字。

布魯圖斯

與民眾一同驅逐國王，成為第一任執政官。甚至處決了與國王有所牽扯的親生兒子，為了守護共和制殫精竭力。

布魯圖斯（Brutus）為「愚鈍」之意。然而，他在推翻王室之際卻憑藉慷慨激昂的演說鼓動了羅馬市民。

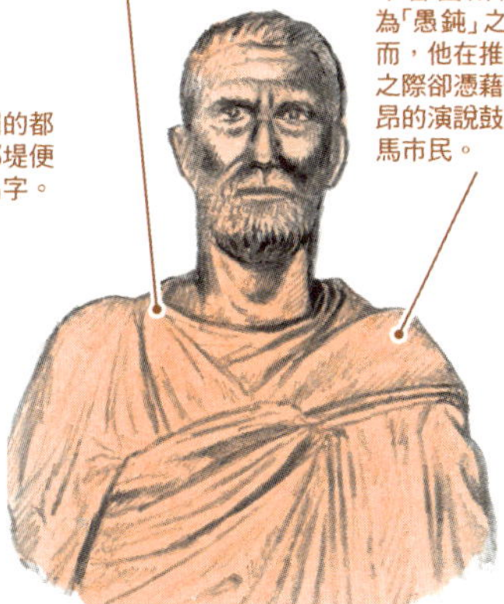

西元前3～前2世紀

布匿戰爭與羅馬共和國的危機

從戰勝的榮耀到國內的權力鬥爭

羅馬在統一義大利半島後，為了爭奪西地中海的霸權，與北非都市國家迦太基展開3次布匿戰爭（↓P66）。是將軍大西庇阿（↓P36）打破了膠著的戰況，為羅馬贏得勝利。其後，迦太基遭到徹底摧毀，羅馬就此稱霸地中海世界。

然而農地因長期的戰爭而荒廢，有愈來愈多無產市民賣掉難以維持的農地，與買下這些農地的貴族之間的貧富差距日益擴大。為了突破這樣的狀況，成為護民官的格拉古兄弟以土地重新分配為目標，卻遭到大地主的妨礙而受挫。

其後，執政官馬略實行了軍制改革（讓無產市民作為志願兵追隨於各個將軍），獲得民眾愛戴後，開始與貴族派（由蘇拉所率領的名門貴族）之間形成對立。突然進入一個被稱為「羅馬共和國的危機」的時代。

由羅馬勝出的布匿戰爭

為了爭奪地中海的霸權，羅馬與迦太基之間爆發了布匿戰爭。在第2次布匿戰爭中，羅馬軍一時敗給了迦太基的將軍漢尼拔，但在札馬戰役中因將軍大西庇阿的策略奏效而獲勝。

札馬戰役

西元前202年發生於北非的札馬，為第2次布匿戰爭的最後決戰。最終由羅馬軍擊敗迦太基的象兵贏得勝利。

象兵

部署於最前線的象兵對羅馬軍造成壓迫之感，但透過喇叭與飛鏢的干擾使其失去作用。

格拉古兄弟的改革

在布匿戰爭等一次次戰爭中被動員從軍的中小農民逐漸沒落，導致貧富差距變大。格拉古兄弟（哥哥提比略與弟弟蓋約）認為應該突破這樣的狀況而進行了改革。然而，兩兄弟遭到保守派貴族的阻撓而喪命。

蓋約・格拉古（弟）
繼承哥哥的遺志持續推動改革，卻遭到反對派的襲擊而被迫自盡。
據說蓋約的哥哥死於非命後，他們的母親曾寫信給他，憂心他也踏上不歸路。
提比略・格拉古（兄）
母親科爾內利亞是大西庇阿的女兒。換句話說，他身為貴族，卻拿貴族的既得利益開刀，因而成為代表平民的護民官。
實行了農地改革，禁止持有廣大的土地。然而，遭到地主反對而失敗。被害怕提比略獨裁的元老院保守派殺害。

陷入羅馬共和國的危機

貧富之間的對立導致平民派（以人民大會為基礎）與貴族派（元老院等保守階級）產生激烈衝突，陷入「羅馬共和國的危機」。貴族派的蘇拉在獲選為執政官後，便占領羅馬並肅清反對派，平民派的馬略則被迫流亡。

科爾內利烏斯・蘇拉

西元前88年的執政官。出身貧苦的貴族。與馬略對立，在占領首都羅馬的同時，成為已長年未選出的獨裁官，肅清了馬略一派。然而，他在改革結束後便立即引退。

蓋烏斯・馬略

平民出身，在成為護民官時，痛斥貴族的腐敗而博得市民喝采。也是一名能征善戰的軍人，曾擊退日耳曼人。

他受惠於財富與人脈而得以擺脫各種困境，因而有了「Felix（幸運的男人）」之別稱。

導入志願兵也是一項救濟無產市民的政策，卻也因為私兵而連帶強化了軍權。
馬略忌妒蘇拉的聲望，在掌控羅馬後殺害了蘇拉的朋友。此後馬略與蘇拉便率領私兵展開衝突與鬥爭。

西元前60～前40年

終身獨裁官凱撒

在主導三頭同盟後邁向巔峰

在蘇拉引退後，角鬥士斯巴達克斯發起叛亂（↓P84），戰功赫赫的龐培與家財萬貫的克拉蘇平息了這場戰亂。同一時期，名門貴族凱撒則在民間贏得極高聲望。這3個人私下締結了名為「三頭同盟」的政治同盟，在凱撒就任執政官後，由3人把控著羅馬。

然而，在克拉蘇戰死後，他們的關係出現了裂痕。龐培趁凱撒遠征高盧（↓P74）時，與元老院勾結，試圖排擠凱撒。為此，凱撒全副武裝地回國並擊敗龐培。

凱撒已然成為無人能出其右的存在，在成為「終身獨裁官」後，達到輝煌的巔峰。然而，凱撒被元老院中無法容忍獨裁的布魯圖斯等人所暗殺。

第3次奴隸戰爭：斯巴達克斯起義

「羅馬共和國的危機」肇因於奴隸所引起的叛亂接踵而至。較著名的是角鬥士斯巴達克斯發起的叛亂，被後來與凱撒締結三頭同盟的克拉蘇與龐培所鎮壓。

龐培在報告戰果時，強調自己的功勞而忽視指揮官克拉蘇的戰績，導致2人不和。
第1次奴隸戰爭（西元前135年～）與第2次奴隸戰爭（西元前104年～）發生於西西里島，第3次奴隸戰爭則在義大利本土爆發。
龐大的叛軍在全盛時期規模多達7萬人。
斯巴達克斯
色雷斯出身的奴隸角鬥士。西元前73年與同伴一起逃出角鬥士培訓所，藏身於維蘇威火山中，持續對抗羅馬長達數年。

476	西元235	0	27	60	509	西元前753
東羅馬帝國	帝政後期	帝政前期		三頭同盟	共和制	君主制

憑藉高盧遠征提高聲望的凱撒

凱撒遠征了位於羅馬領土北方的高盧。他會對士兵高喊「各位戰友」來建立穩固的羈絆。據說其號召不僅傳達給羅馬士兵，還傳遍了高盧。凱撒在這趟遠征中贏得勝利並進一步提高了聲望，其勢力令元老院畏懼不已。

高盧的將領維欽托利很乾脆地認輸並投降，但後來被殘酷地處死。

曾一度表示服從的高盧人再次於各地揭竿而起，導致戰爭曠日廢時。據說凱撒殺了100萬人，並俘虜了100萬名戰俘。

這趟遠征長達8年，凱撒自己的著作《高盧戰記》中留有這些紀錄。

終身獨裁官凱撒遭暗殺

布魯圖斯

備受凱撒寵信卻參與了暗殺計畫。據說其母親塞薇利婭曾是凱撒的情婦之一。因為暗殺時凱撒喊出的那句「你也有份嗎，布魯圖斯？」而揚名。

凱撒回到羅馬後進行了多項改革，比如為了新興貴族而增加元老院議員的人數、為了救濟貧民而擴大羅馬市民權、導入儒略曆等。市民已經到了崇拜凱撒的程度。最終，他延長了獨裁官的任期，並於西元前44年1月就任終身獨裁官。然而，凱撒在同年的3月15日遭到暗殺，為厭惡獨裁的羅馬歷史再添一例。

暗殺紀念幣

暗殺2年後的西元前42年發行了一款「暗殺紀念幣」，不過這是以暗殺者之一而聞名的布魯圖斯本人發行的。此外，曾有某位占卜師提醒凱撒「直到3月15日前都務必小心」，而凱撒正是在那天遭到暗殺。

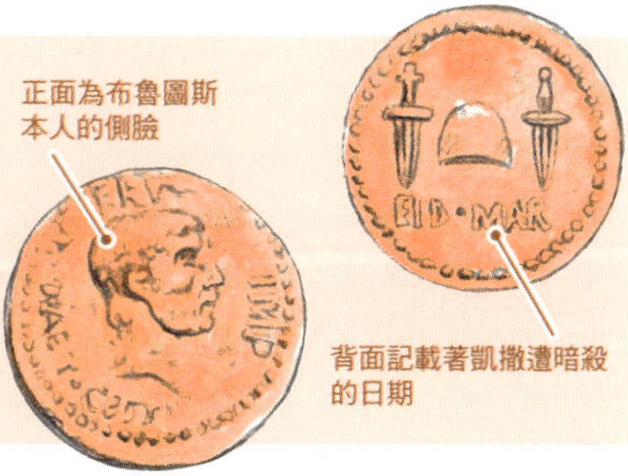

正面為布魯圖斯本人的側臉

背面記載著凱撒遭暗殺的日期

西元前44～西元68年

羅馬皇帝的誕生

後三頭同盟與共和制的終結

凱撒在遺言中指名養子屋大維為繼承人。加上同樣自詡為繼承人的安東尼與雷比達，3人曾有段時期並肩作戰（後三頭同盟），逼迫暗殺凱撒的主謀布魯圖斯自戕。

其後，三方再次展開權力鬥爭。首先是雷比達落後，由屋大維掌握西部領土而安東尼把控東部領土。阿克提姆海戰為雙方的決定性戰役，由屋大維勝出。

戰後，屋大維尊重元老院等共和制的制度，並自稱為「羅馬的第一公民（Princeps）」。然而，實際上他兼任護民官與羅馬軍總指揮官等要職，將權力集中在自己手上，並開啟元首制。西元前27年，屋大維獲得元老院授予「奧古斯都（尊嚴者）」的尊稱，並就任為第一任皇帝。

後三頭同盟的起源

屋大維、凱撒的部下安東尼與雷比達被指名為繼承人，3人在反元老院這個目標達成共識，就此締結後三頭同盟。前三頭同盟為祕密協議，而這個後三頭同盟則為正式的官職。

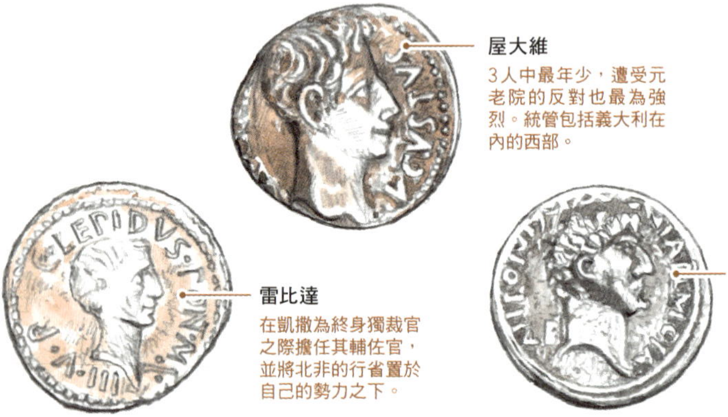

屋大維
3人中最年少，遭受元老院的反對也最為強烈。統管包括義大利在內的西部。

雷比達
在凱撒為終身獨裁官之際擔任其輔佐官，並將北非的行省置於自己的勢力之下。

安東尼
與凱撒為姻親關係，亦為當時的執政官。統管埃及、希臘與西亞等東部的行省。

476　西元235　0　27　60　509　西元前753
東羅馬帝國｜帝政後期｜帝政前期｜三頭同盟｜共和制｜君主制

一決勝負的關鍵之戰：阿克提姆海戰

安東尼與埃及托勒密王朝結盟，展開與屋大維一派之間的決戰。戰況對安東尼有利，但是埃及軍的克麗奧佩脫拉卻離開了戰線。安東尼也緊跟著撤退，因而大勢已定。屋大維憑藉這場勝利掌握了羅馬的實權。

在阿克提姆海戰中，屋大維這方是由其心腹阿格里帕擔任指揮官。他是在幾乎每一場戰役中都有立下軍功的軍人。

繼承人日耳曼尼庫斯之死

奧古斯都沒有親生兒子，因此是由養子提比略就任第二任皇帝。提比略是奧古斯都所期待的繼承人日耳曼尼庫斯即位之前的中繼者。然而，日耳曼尼庫斯早逝，由他的兒子卡利古拉（→P46）即位為第三任皇帝。

日耳曼尼庫斯的父親是提比略的弟弟，母親是奧古斯都的姪女，血統優良。他個性與相貌俱佳又文武雙全，令市民著迷不已。
備受愛戴的日耳曼尼庫斯未能即位。另一方面，登基為帝的兒子卡利古拉與孫子尼祿卻惡名昭彰。
據說日耳曼尼庫斯的死因為病死，也有一說是被提比略毒死的。
擁有極高人氣的英雄逝世令羅馬市民悲痛欲絕。

西元96～180年

「五賢帝」時代

羅馬的全盛時期為地中海帶來和平

第三任皇帝卡利古拉在諸般暴政後遭到暗殺，由其叔叔克勞狄烏斯成為第四任皇帝並實施德政。然而，第五任皇帝尼祿再次實行暴政，導致羅馬陷入內戰（四皇帝時代）。平息這場內戰的維斯帕西亞努斯於西元69年登基為帝，開啟弗拉維王朝。然而，第三任皇帝多米提安努斯遭暗殺，該王朝就此終結。

隨之而來的是羅馬帝國的全盛時期「五賢帝」時代。第一任皇帝涅爾瓦是由元老院選出，頗得眾望。接任的圖拉真大帝帶來戰爭勝利的榮耀，羅馬帝國的版圖達到最大。再下一任的哈德良皇帝則遊歷了遼闊的領土以展示帝國威望。第四任皇帝安敦尼・畢尤在位23年期間不曾與外界開戰，最後一任皇帝馬可・奧理略・安東尼則熱中學問勝於軍事。五賢帝時代被稱為「羅馬治世（羅馬和平）」。

向市民宣揚軍事榮耀的圖拉真

成為涅爾瓦皇帝養子的圖拉真大帝是一名相當能幹的軍人。在位的19年期間，他吞併了達契亞、亞美尼亞與美索不達米亞等地。戰利品成了公共事業的本金，豐富了羅馬市民的生活。

圖拉真紀功柱（→P111）

歌頌圖拉真之榮耀的圓柱。完成於西元113年，高達38m。

圖拉真曾兩度遠征達契亞地區並大獲全勝。

紀念柱上刻有描繪達契亞戰爭情景的浮雕。

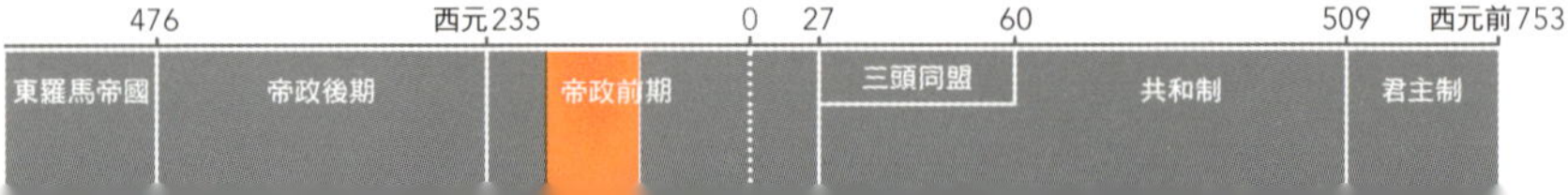
476
西元235
0
27
60
509
西元前753
東羅馬帝國
帝政後期
帝政前期
三頭同盟
共和制
君主制

羅馬帝國的最大版圖

圖拉真大帝將帝國領土擴展至最大，接任的哈德良皇帝則修築了長城（→P65），不曾有異民族入侵。因此，皇帝安敦尼‧畢尤才能長期維持「羅馬治世」，其統治期間甚至曾被揶揄「沒有歷史」。

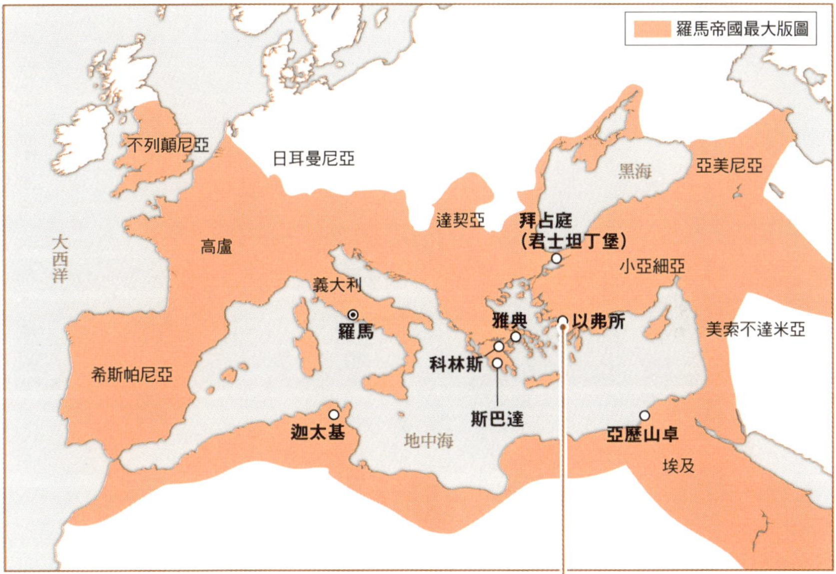
羅馬帝國最大版圖
不列顛尼亞
日耳曼尼亞
黑海
亞美尼亞
達契亞
拜占庭
(君士坦丁堡)
大西洋
高盧
小亞細亞
義大利
羅馬
雅典
以弗所
美索不達米亞
科林斯
希斯帕尼亞
斯巴達
迦太基
地中海
亞歷山卓
埃及

走訪行省的「旅人皇帝哈德良」的昔日面貌

位於現今土耳其的都市以弗所亦包含於羅馬帝國的亞細亞行省之中。在位期間有一半時間花在視察行省的哈德良皇帝也曾走訪此地，由市民進獻的哈德良神廟的遺跡至今猶存。

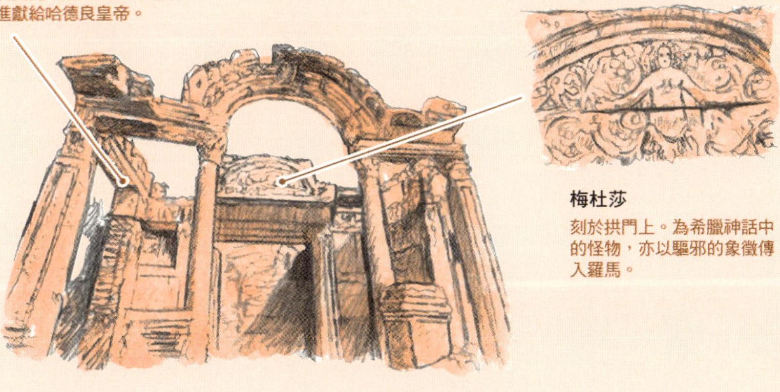
建於西元130～138年左右，
被進獻給哈德良皇帝。
梅杜莎
刻於拱門上。為希臘神話中的怪物，亦以驅邪的象徵傳入羅馬。

五

西元180～284年

軍人皇帝時代

盛行以武力自立為帝的混亂時期

賢帝最後一任皇帝馬可・奧理略・安東尼指定親生兒子康茂德為繼承人。然而，他因為實行暴政而遭暗殺，導致羅馬再度陷入內亂狀態。

行省出身的塞提米烏斯・塞維魯斯平定了這場內亂。然而，下一任人稱「卡拉卡拉」的皇帝是個連血親都肅清的暴君，致使塞維魯斯王朝鬥爭不斷。更有甚者，繼位的昏君埃拉伽巴路斯皇帝耽溺於美色，導致政情更不穩定。

塞維魯斯王朝歷經5代就中斷，自西元235年起突然進入所謂「三世紀危機」的時代。該時代還有日耳曼人與安息人等異民族頻繁侵擾邊境，在當地立下戰功的人便會自立為帝等。結果開啟了透過武力更替皇帝的「軍人皇帝時代」，帝國的權威一落千丈。

熱中角鬥士的暴君康茂德

五賢帝的下一任皇帝即為康茂德。父親為馬可・奧理略皇帝，母親為安敦尼・畢尤的女兒。逃過姊姊露西拉的暗殺後，自己所重用的近衛隊隊長克里安德專橫跋扈，故而下令處死。此後便接連下達處決或流放的命令。

康茂德

在位期間為西元180～192年。於18歲即位。喜歡以角鬥士之姿親自在競技場上鬥劍，政治方面則撒手不管。最後被毒殺失敗而遭勒斃。

康茂德自稱是希臘神話中半神英雄海克力斯的化身。他總是身披獅子毛皮且手持棍棒，也與海克力斯的傳說有關。

476 | 西元235 | 0 | 27 | 60 | 509 | 西元前753

東羅馬帝國 | 帝政後期 | 帝政前期 | 三頭同盟 | 共和制 | 君主制

首位異民族皇帝塞維魯斯

塞維魯斯皇帝出身於北非的行省。當上皇帝後便展開改革，比如消除軍隊內對行省出身者的歧視等。之後又與元老院發生衝突，進行了大規模清洗，換成會遵照自己旨意辦事的人。

塞提米烏斯・塞維魯斯

在位期間為西元193～211年。出身於羅馬昔日宿敵迦太基人的家族。據說他的拉丁語帶有非洲口音。

塞維魯凱旋門

紀念塞維魯斯皇帝遠征安息的勝利，建於古羅馬廣場（→P104）。另有碑文讚譽其子卡拉卡拉與蓋塔的事蹟，但是遭卡拉卡拉暗殺的蓋塔相關碑文後來也被移除了。

50年內約有70人自立為帝的軍人皇帝時代

自塞維魯斯王朝中斷以來，在軍事上取得勝利的人聲望日漲並受擁立為帝。然而，這70人中只有26人左右是「正式」的皇帝。其他大部分都是自立為帝，並不被元老院所承認。

盧多維西戰役石棺

這個石棺上雕刻著羅馬人與日耳曼人之間的戰爭。據說軍人皇帝德西烏斯是第一個在與日耳曼人的戰鬥中陣亡的皇帝。

一般認為此棺中安葬的是德西烏斯的兒子，亦即被立為共治皇帝的赫倫尼烏斯。他也是在與日耳曼人的戰役中陣亡。

西元284～337年

四帝共治與帝國的重建

憑藉強勢領導力帶動的改革時期

漫長的軍人皇帝時代隨著西元284年皇帝戴克里先即位而畫下句點。他建立了一套武官（軍政）與文官（民政）分離的官僚制度，接著又將廣闊的羅馬領土劃分為東西兩區，分別設立了正帝與副帝，開創一共由4人來統治的四帝共治制（Tetrarchia），透過此法來抑止邊境的叛亂。

此後再度發生了權力鬥爭，但不久後君士坦丁大帝便以強大領導者之姿登場。他接手了戴克里先的改革，但同時再次獨攬大權。進而又做出重大改變，頒布承認基督教的「米蘭敕令」，保證市民也有信教的自由。

除此之外，他還建造了大都市君士坦丁堡（現今土耳其的伊斯坦堡）並遷都。此後便成為東羅馬帝國的首都，已有數百年的歷史。

皇帝戴克里先所創的四帝共治

重要軍事防線所在的東部及各行省由戴克里先統治，其心腹馬克西米安努斯則作為共治皇帝，負責治理包括義大利本土在內的西部，進而分別任命一名副帝，形成分為4部分來統治羅馬的形式。

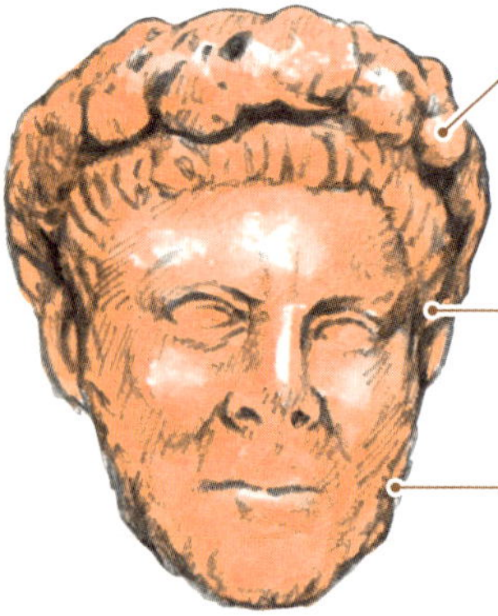

戴克里先

在位期間為西元284～305年。為解放奴隸之子，並以軍人之姿平步青雲，由軍隊舉薦給皇帝。推行四帝共治，終結了軍人皇帝時代。

崇拜羅馬神話裡的眾神成了一種義務，對基督教進行大迫害（→P28）。

雖說是四帝共治，但掌握最大權力的是東方正帝戴克里先，他引退時也讓西方正帝馬克西米安努斯一同退位。

476　西元235　0　27　60　509　西元前753

東羅馬帝國｜帝政後期｜帝政前期｜三頭同盟｜共和制｜君主制

四帝雕像

強調即便分而治之仍是一個統一國家，以及四帝的團結。

四帝領土與首都

四帝領土中的首都分別是東部的尼科米底亞（今土耳其）與西部的梅蒂奧拉努（今義大利的米蘭）。曾是帝國首都的羅馬則不被視為任何皇帝的據點。

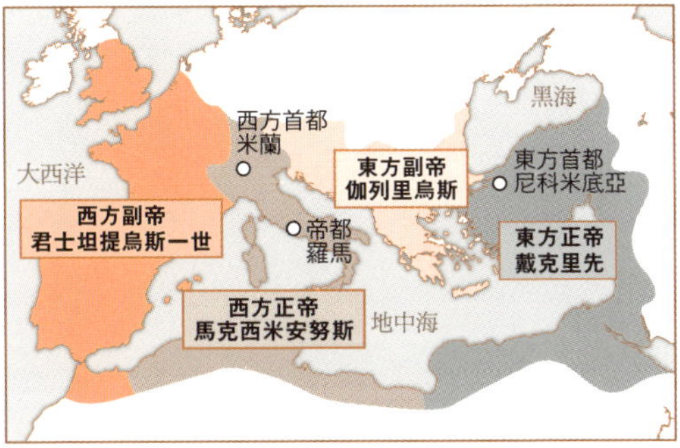
黑海
西方首都
米蘭
大西洋
東方副帝
伽列里烏斯
東方首都
尼科米底亞
西方副帝
君士坦提烏斯一世
帝都
羅馬
東方正帝
戴克里先
西方正帝
馬克西米安努斯
地中海

帝都君士坦丁堡的完成

命名為「Nova Roma（新羅馬）」，但幾乎無人以此名稱之，從當時便已稱為「君士坦丁堡（君士坦丁大帝的城鎮）」。建於曾是希臘殖民都市的拜占庭，因此後世又稱東羅馬帝國為拜占庭帝國。

君士坦丁紀念柱

於建設君士坦丁堡時所打造的紀念塔。

競馬場（Hippodrome）

據說是建於希臘殖民地時代的建築。

聖索菲亞大教堂（→P32）

建於東羅馬時代，為希臘東正教會的教堂。現在已改建為清真寺。

君士坦丁堡

君士坦丁大帝新建的大都市。相當於現今的伊斯坦堡。後來成為東羅馬帝國的首都，直到西元1453年帝國滅亡為止，作為地中海世界的中心都市而繁榮一時。

基督教成為國教

克服300多年的壓迫

據說羅馬原本對行省的信仰採取寬容態度。然而，信仰救世主耶穌的基督教在羅馬歷史中卻長期遭受迫害。迫害的真正原因尚不得而知，不過一般認為是因為基督教會批判信仰不同的人、不承認異教的神祇，再加上羅馬方面唯恐皇帝的神性受到侵犯。

追根究柢，耶穌本身便是以因背叛羅馬帝國的謀逆罪而被處以釘十字架之刑，其門徒彼得遭視為「羅馬大火」的犯人，與眾多基督徒一起被皇帝尼祿（→P46）處死。最大的迫害則來自重視羅馬神祇的皇帝戴克里先。

然而，數十年後卻出現巨大轉折，由君士坦丁大帝正式承認了基督教。到了西元392年，虔誠的基督徒狄奧多西大帝將基督教立為羅馬的國教。

初期的基督教

透過眾多門徒的傳教，在耶穌死後約20年期間於羅馬帝國的各個都市建立基督徒的社群，據說其中有相當完善的禮拜形式與組織職位等。

地下墓穴（Catacombe）

位於地底的墓地。人們往地下挖洞加以土葬。據說有些地方還附設可進行基督教禮拜或聚會的場所。

在基督教成為國教後，開始將教堂建於地下墓穴之上，並於地面上打造墓園。

尼西亞公會議

君士坦丁大帝試圖以基督教作為國家統一的基礎，但是教派在教義的解讀上卻出現分歧。為此於西元324年召開了尼西亞公會議，否定耶穌神性的阿里烏派則遭視為異端。

有超過數百人出席了公會議。

君士坦丁大帝

據說君士坦丁大帝支持認為「耶穌不是神」的阿里烏派，在公會議後對阿里烏派仍相當寬容。

《尼西亞信經》

在公會議中採用的基本信條。在一神論的基督教中，耶穌是神還是人便成了爭論的對象。在尼西亞公會議中，定義了父神與耶穌為「同一性質」。

阿塔納修

在尼西亞公會議中否定阿里烏派的人物。因此將支持《尼西亞信經》的教派稱作「阿塔納修派」。

承認為正統教派並立為國教

在西元381年的君士坦丁堡公會議中，將尼西亞派（阿塔納修派）視為基督教的正統。進而又於西元392年立為國教，同時禁止其他宗教。就連自古以來信仰的羅馬眾神都遭否定，還廢除了奧林匹克等宗教儀式。

聖伯多祿大殿

供奉著據說因遭受尼祿迫害而殉教的聖彼得的墓地。

位於羅馬的梵蒂岡城國如今為天主教教堂的總本山。天主教的英語Catholic一詞是意指「普遍」的用語。

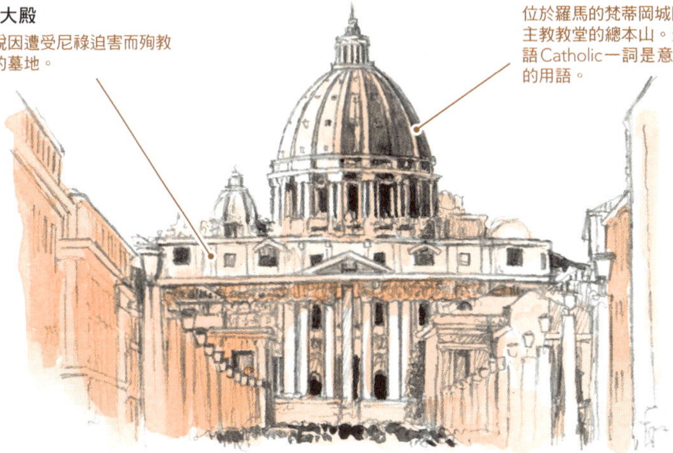

西元395～476年

東西分裂與西羅馬帝國的滅亡

來勢洶洶的日耳曼人導致帝國國力衰退

在君士坦丁大帝之後，帝國曾有段集權統治的時期，但自從狄奧多西大帝將東西羅馬的統治分別交託給兩個兒子以來，東西分治漸成常態。東羅馬又稱為拜占庭帝國，之後開始獨自發展（→P32）。

另一方面，西羅馬帝國的國力一日不如一日。居住在北方、身強力壯的日耳曼人進入當時的西羅馬帝國領土，在羅馬周邊建立日耳曼國家。其中汪達爾－阿蘭王國與西哥德王國等則侵犯羅馬的領土並掌控政權。國內的軍事要職皆由異民族出身者擔任，皇帝早已有名無實。然後曾是羅馬傭兵首領的日耳曼人奧多亞塞於西元476年發動政變，廢黜了西羅馬皇帝。其後在無皇帝的情況下繼續由日耳曼人統治，西羅馬帝國名存實亡。

帝國的東西分裂

狄奧多西大帝是實質上獨自統治東西羅馬帝國的最後一任皇帝。他讓兩個兒子在他死後開始東西分治，從此再也不曾統一。

狄奧多西一世

確立基督教為國教。指名兒子霍諾留為西羅馬皇帝，另一個兒子阿卡狄奧斯則為東羅馬皇帝，導致羅馬分裂為東西兩部分。

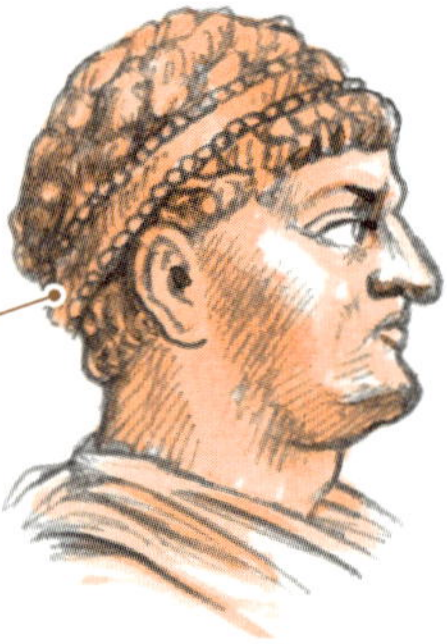

霍諾留

狄奧多西一世的次子。為眾所周知的昏君，是導致西羅馬帝國名存實亡的原因之一。

日耳曼人的大遷徙

日耳曼人侵略不列顛尼亞、伊比利亞與北非等地，逐一建立了國家。一般認為是始於西元375年，西哥德人被匈人威逼並驅趕，故而入侵羅馬帝國領土。

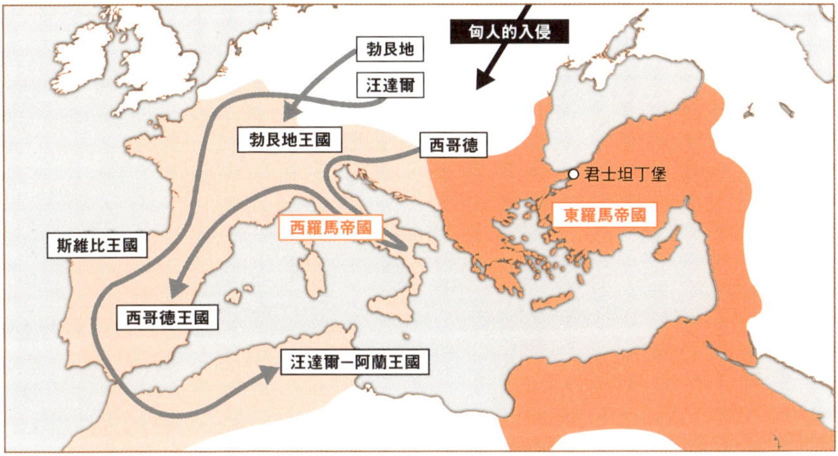
匈人的入侵
勃艮地
汪達爾
勃艮地王國
西哥德
君士坦丁堡
東羅馬帝國
西羅馬帝國
斯維比王國
西哥德王國
汪達爾－阿蘭王國

西羅馬帝國的滅亡

日耳曼人傭兵首領奧多亞塞透過政變廢黜了西羅馬皇帝。諷刺的是，這位皇帝名叫羅穆盧斯·奧古斯都，是以建國之父與第一任皇帝的名字結合而成。

奧多亞塞
在皇帝退位後，奧多亞賽並不以羅馬皇帝自居，而是自稱為日耳曼國王。他對東羅馬帝國表達臣服之意，卻仍被奉東羅馬皇帝芝諾之命出征的東哥德王國的狄奧多里克大帝所打敗。
最後一任皇帝
羅穆盧斯·奧古斯都
即位不到1年就因為奧多亞塞發動的政變而被逐出羅馬。西羅馬帝國已名存實亡。

西元395～1453年

羅馬帝國的結束

延續至15世紀的東羅馬帝國

東

羅馬帝國在西羅馬帝國滅亡後又延續了約1000年。與西羅馬一樣遭到匈人等外族入侵，但出於帝都君士坦丁堡堅不可摧等幾個原因，使其得以擊退異民族。

在6世紀的查士丁尼一世時代，東羅馬帝國成功奪回了地中海世界與義大利半島，還編纂了《民法大全》，將羅馬帝國的法律加以整理並系統化等，一度恢復了往日榮光。然而，後來又與倫巴底王國、波斯、伊斯蘭勢力等發生衝突，導致領土時而擴張時而縮小。

法蘭克王國（日耳曼國家之一）的國王查理大帝於西元800年獲得羅馬教宗賜予「羅馬人的皇帝」的稱號。東歐與西歐所歷經的歷史有所不同。到了1453年，東羅馬帝國遭受鄂圖曼帝國的攻擊而滅亡。

於東羅馬帝國孕育出的拜占庭文化

東羅馬帝國又稱作「拜占庭帝國」與「希臘帝國」。自東西分裂以來便持續希臘化，拉丁語被希臘語所取代。在這樣的過程中，融合希臘、羅馬與東方的文化而獨樹一格的拜占庭文化逐漸蓬勃發展。

IC
XC

拜占庭的馬賽克畫

馬賽克畫是以小碎片來繪製教堂的壁畫，在東羅馬帝國蓬勃發展。圖中這幅馬賽克畫所描繪的是耶穌與11世紀的皇帝君士坦丁九世夫妻。

聖索菲亞大教堂

建於君士坦丁堡的聖索菲亞大教堂是拜占庭文化較具代表性的建築，但在拜占庭帝國滅亡後，搖身一變成了伊斯蘭教的清真寺。

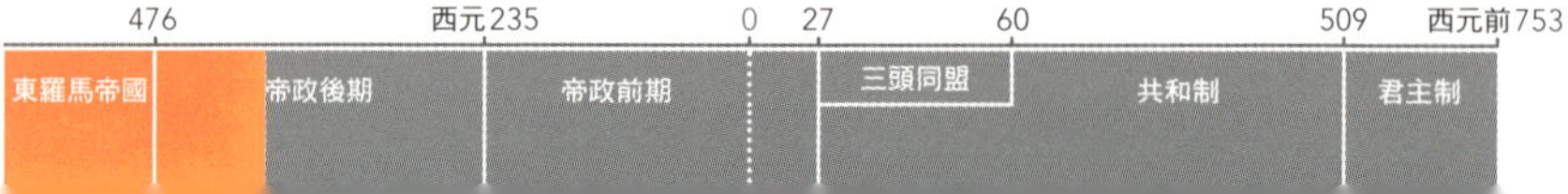
476
西元235
0
27
60
509
西元前753
東羅馬帝國
帝政後期
帝政前期
三頭同盟
共和制
君主制

君士坦丁堡淪陷

7世紀左右，中東出現伊斯蘭勢力後，與東羅馬帝國產生對立，並從11世紀左右開始遭受其勢力的侵犯。東羅馬帝國的國力逐漸衰退，西元1453年遭受鄂圖曼帝國攻擊，導致首都君士坦丁堡淪陷而滅亡。

耶尼切里軍團

是一支強迫基督徒改信伊斯蘭教的部隊。最初是由戰俘組成的奴隸部隊，但後來被賦予各種特權。在君士坦丁堡之圍中，動員了1萬人作為直屬國王的精銳部隊。

穆罕默德二世

鄂圖曼帝國的國王（蘇丹）。有「征服者」的暱稱，將其勢力範圍大幅擴張至安納托力亞半島與巴爾幹半島。有權有勢，將鄂圖曼土耳其打造成有實權的帝國。

歐爾班的巨砲

穆罕默德二世要求匈牙利人歐爾班開發了一門大砲。據說砲身長約8m、砲彈超過500kg。然而，命中率低且有耐久度的問題，1天只能發射7次。

君士坦丁十一世巴列奧略

拜占庭帝國亦即羅馬帝國的最後一任皇帝。在戰爭中下落不明，後來發現的遺體也無確證證明是本人，因此留下這麼一則傳說：「他總有一天會復活，重建羅馬帝國」。

COLUMN❶

轉為共和制的契機

盧克麗霞的悲劇

羅馬過渡至共和制的背後，據說是源於一名女性的悲劇。羅馬國王塔克文的綽號為「傲慢王」，羅馬市民對其苛政日益不滿。在這樣的情況下，塔克文之子塞克斯圖斯對貞潔美麗的盧克麗霞起了色心，並趁她丈夫科拉提努斯不在時潛入她家，以劍脅迫。然而，她不肯就範。他便出言威脅：「我會把奴隸的屍體搬進房內，營造出妳與人通姦時慘遭殺害。」她無法忍受這種屈辱，最終遭受強姦。翌日，盧克麗霞叫來丈夫與父親並坦白事發經過。她雖獲得了安慰，卻告訴他們：「我要接受懲罰。」她隨即將匕首插入自己胸口，自盡身亡。當時科拉提努斯的摯友布魯圖斯剛好在場，他拔出那把染滿鮮血的匕首後，發出號召：「王室的暴虐與非法行徑天理難容。讓我們驅逐王室吧！」羅馬市民就此揭竿而起，成功驅逐了王室。國家開始過渡至共和制，並由布魯圖斯與科拉提努斯就任第一任執政官。

　　這個事件的真實性與盧克麗霞是否確有其人尚無定論，然而，盧克麗霞的勇敢形象為後世藝術家提供了莫大的啟發。

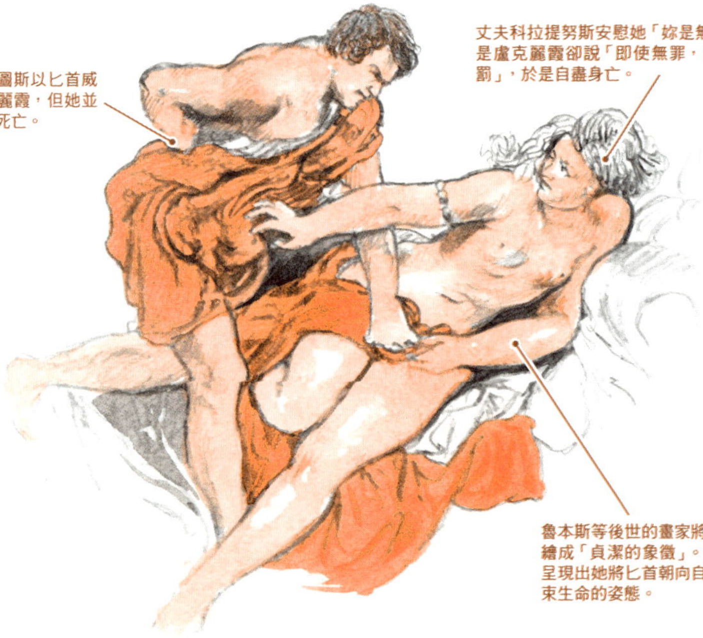
塞克斯圖斯以匕首威脅盧克麗霞，但她並不懼怕死亡。
丈夫科拉提努斯安慰她「妳是無罪的」，但是盧克麗霞卻說「即使無罪，仍應接受懲罰」，於是自盡身亡。
魯本斯等後世的畫家將盧克麗霞描繪成「貞潔的象徵」。其中大多是呈現出她將匕首朝向自己，即將結束生命的姿態。

第2章

羅馬皇帝與人物列傳

大西庇阿

戰勝宿敵迦太基的大英雄

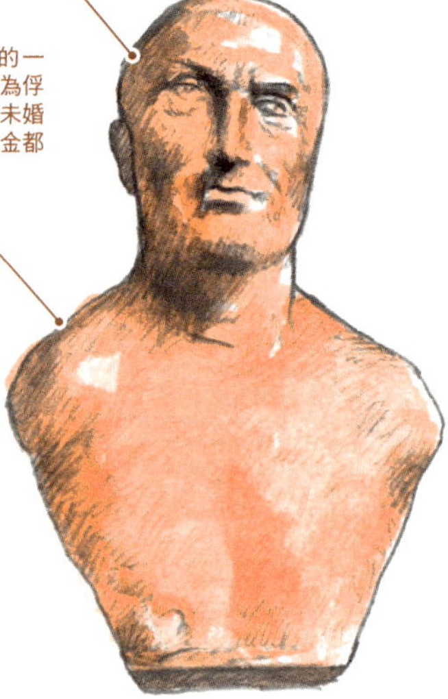

他是一名重視情報分析的理性戰術家，但有時也會對士兵說出「神出現在我夢中，承諾會守護我們」來鼓舞士氣。
他也有充滿人情味的一面，曾將一名被交出為俘的部落女子送回她的未婚夫身邊，甚至連其贖金都當作賀禮送出。

DATA

個人名稱	普布利烏斯
氏族名稱	科爾內利烏斯
家族名稱	大西庇阿
尊　稱	亞非利加努斯（非洲征服者）
出生年	西元前236年
歿　年	西元前183年
主要官職	資深執政官、執政官
子　女	科爾內利亞（女兒）、格拉古兄弟（孫子）

第2次布匿戰爭期間，羅馬軍面對迦太基的名將漢尼拔，在各地屢吃敗仗（→P68）。在西元前216年的坎尼會戰中，雖然擁有壓倒性的兵力，卻中了漢尼拔的奇襲策略，遭受歷史性的大敗，據說陣亡人數高達5萬人。因為與迦太基對戰而失去父親與叔叔的大西庇阿自動請纓，成為遠征指揮官。他在戰役中展現出如神附體般的強大力量，獲勝後又繼續規劃迦太基的遠征。

元老院嫉妒大西庇阿的聲望，拒絕動員國軍。然而，仍有大批志願兵聚集到他的麾下。接著在與迦太基對峙的札馬戰役中，奇襲獲勝，以救國英雄之姿獲得「亞非利加努斯（非洲征服者，Africanus）」的尊稱，並仍精力充沛地繼續展開遠征東方的活動。

然而國內的反大西庇阿勢力橫行，最終指控他涉嫌貪汙用途不明的錢財。他雖然並未被定罪，卻不得不引退，鬱鬱不得志地在鄉下溘然長逝，享年52歲。奇妙的是，被捕的漢尼拔也在同年自盡身亡，享壽64歲。

國內外都有英雄大西庇阿的敵人

救國英雄大西庇阿·亞非利加努斯的敵人不只有漢尼拔。在羅馬國內，無論是戰前還是戰後，元老院都對他多般阻撓。尤其是在戰後針對大西庇阿所掀起的彈劾論調，很可能是出於對英雄崇拜的恐懼。

據說札馬戰役的前一天，大西庇阿只帶著翻譯與漢尼拔進行了會談。是由預測到自己將會戰敗的漢尼拔所提出的一場和平談判。

漢尼拔·巴卡

父親哈米爾卡·巴卡也是一名人盡皆知的名將，曾參加第1次布匿戰爭。連絕代戰術家大西庇阿都曾研究漢尼拔的戰術，比如出乎敵人意料之外的「翻越阿爾卑斯山」等。

精明能幹的格拉古兄弟撒手人寰，讓科爾內利亞承受白髮人送黑髮人的不幸。不過據說她晚年曾向友人與客人講述父親與兒子們的功績。

大西庇阿的女兒科爾內利亞

護民官塞姆普羅尼烏斯·格拉古是她的丈夫亦為恩人，為了拯救備受譴責的大西庇阿而行使了否決權。當時科爾內利亞還年幼，長大後才嫁給曾救父親於危難的他，並生下格拉古兄弟（→P16）。被譽為「羅馬女性的榜樣」。

厭惡崇尚希臘風潮的國家主義者

老加圖

馬爾庫斯·波爾基烏斯·加圖、監察官加圖

西元前237~前149年

羅馬共和國後期的政治家兼辯論家。不追隨流行，勤儉節約，無法容許傷風敗俗的希臘文化。如此光明正大的加圖卻強烈嫉妒同年代的英雄大西庇阿，並成為彈劾他的急先鋒。據說他討厭崇尚希臘的大西庇阿，也是出於對聲望的一種恐懼。後來他看到迦太基一次性償還賠款並重建，便發表演說表示「迦太基必須被毀滅」，拒絕與之共存。迦太基在第3次布匿戰爭中滅亡。

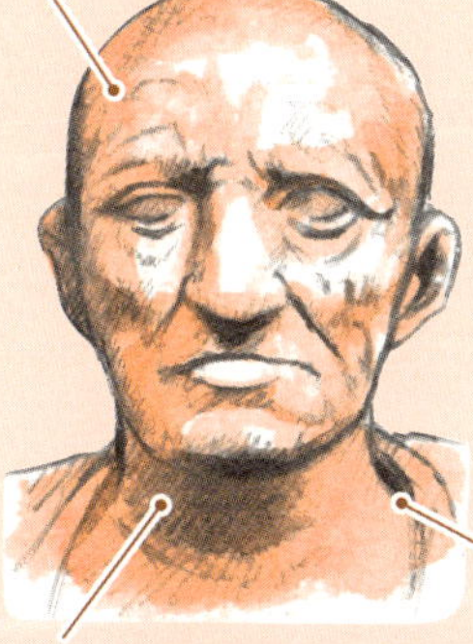

曾多次參加布匿戰爭。據說有時還會擔任指揮官。

為斯多葛派的哲學家，被稱為「老加圖」，與其曾孫小加圖加以區別。

平時在自家農場上揮汗從事田間勞作，即便擔任公職也不曾浪費公帑或做出任何類似貪汙的行為。

龐培

羅馬實力首屈一指的人氣王

DATA

個人名稱	格奈烏斯
氏族名稱	龐培
尊　稱	馬格努斯
出生年	西元前106年
歿　年	西元前48年
主要官職	資深執政官、執政官
子　女	小龐培（兒子）

馬略與蘇拉之間爆發衝突時，龐培家並未站隊。龐培是在父親死後才決定支持蘇拉。

羅馬遭凱撒壓制後，龐培在希臘重整旗鼓。以經歷與士兵數量來說，戰況對龐培較為有利，卻仍不敵勢如破竹的凱撒，在希臘北方的法薩盧斯吃下敗仗。

龐培為蘇拉派（貴族派）陣營，在與馬略派（平民派）之間的戰役（→P16）中立下軍功，年僅25歲便舉辦了凱旋儀式。在蘇拉辭世後，仍為了收復伊比利亞半島的統治權等而活躍不已。還參加了第3次奴隸戰爭（→P18）。他向元老院報告時表示，「打敗奴隸叛軍的是克拉蘇，但平定叛亂的是我」，導致後來一起成為執政官的兩人關係十分惡劣。

龐培在那之後屢戰屢勝，不斷擴大羅馬的殖民地，據說國庫增加了3倍，聲望與實力皆達到巔峰，甚至有了「馬格努斯（偉大之意）」的別稱。

另一方面，元老院因忌憚龐培的影響力而對其冷淡以待，於是他與境遇相同的凱撒、克拉蘇締結了三頭同盟的祕密協議。然而，當三人之間的平衡瓦解後，龐培以獲得元老院保守派擁戴的形式與凱撒針鋒相對。他在法薩盧斯戰役中落敗，雖試圖搭乘商船逃往埃及，卻遭害怕受到內戰牽連的埃及人殺害。據說凱撒對其下場感嘆不已。

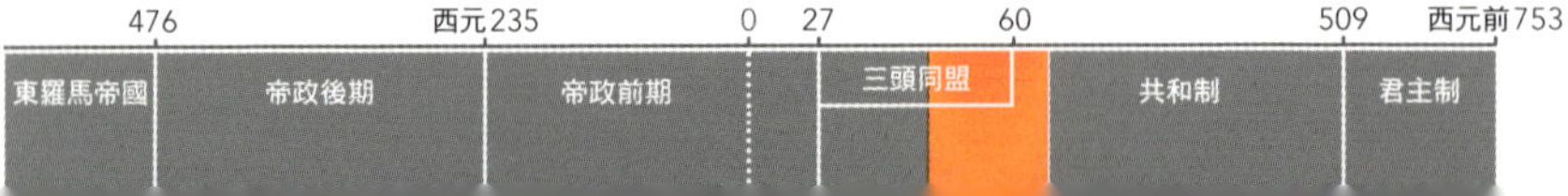
476
西元235
0
27
60
509
西元前753
東羅馬帝國
帝政後期
帝政前期
三頭同盟
共和制
君主制

以凱撒為中心的人物關係

凱撒在據說水火不容的龐培與克拉蘇之間加以斡旋，促進三頭同盟的成立。在人物關係上，克拉蘇是凱撒的債權者，龐培則娶了凱撒的女兒茱莉亞為繼室。

龐培的繼室茱莉亞

據說龐培因其前妻與凱撒有染而要求離婚，不過相當珍視她這個繼室。茱莉亞的死則成了他與凱撒訣別的間接原因。

克拉蘇

為羅馬的首富，但是生活方式卻十分儉樸。可為了錢不擇手段，比如賄賂官員或偽造文書等。也有人說他具備投資者的眼光，才會借出鉅款給當時還只是個無名小卒的凱撒。

憑藉辯論口才與掌權者為敵

西塞羅

馬庫斯・圖利烏斯・西塞羅

西元前106～前43年

辯論家兼作家，是對後世的康德與孟德斯鳩等人造成莫大影響的哲學家。25歲成為律師後，以出色的辯論技巧、高尚的品德與教養等為武器，打贏了不少官司。厭惡獨裁者，在三頭同盟瓦解後，支持成為元老院派的龐培。在龐培落敗後便退出政壇。

喀提林在執政官選舉中敗給西塞羅後，便開始祕密策畫政變。然而，元老院未能掌握其政變的確切證據。儘管如此，西塞羅仍彈劾了喀提林，並將其逐出羅馬。

發表彈劾演說的西塞羅

在執政官時代發生的一起顛覆國家未遂事件中，將主謀喀提林一派判處死刑而獲得「祖國之父」的稱號。然而，該判決並未經過市民的審判，因而被反過來指控是違法的。

凱撒

奠定帝國基礎的大英雄

情婦包括龐培的妻子、克拉蘇的妻子、布魯圖斯的母親與克麗奧佩脫拉等。有一次小加圖（老加圖的孫子→P37）彈劾他時表示，「凱撒持有來自叛軍的書信」，結果一經確認，竟是小加圖的姊姊寫給凱撒的情書。

據說他曾哭著說道：「我已經到了亞歷山大大帝征服全世界的年紀，卻還沒有做出任何值得矚目的事情。」

英文為「Julius Caesar（尤利烏斯·凱撒）」。「Caesar（凱撒）」亦成為其羅馬皇帝的稱號。德語中的「Kaiser（皇帝）」也是相同語源。

DATA

個人名稱	蓋烏斯
氏族名稱	尤利烏斯
家族名稱	凱撒
出生年	西元前100年
歿　年	西元前44年
主要官職	大祭司、法務官、執政官、獨裁官、終身獨裁官
子　女	奧古斯都（養子）、凱撒里昂（親生兒子）

凱撒的姑姑嫁給了當時有權有勢的馬略（→P16），憑藉這層關係而10幾歲就成為祭司。然而，在蘇拉肅清馬略派後，凱撒也被褫奪職位，還被勒令離婚。他堅決地拒絕，結果觸怒了蘇拉。當周圍的人紛紛安撫時，蘇拉說出一句預言般的話：「汝等當知，此子之英傑甚於馬略百倍！」凱撒在青年時期曾有過在遠征中遭海盜俘虜的軼事等，不過他很晚才踏入政壇，37歲當選大祭司才終於登上高位。

他39歲時在伊比利亞半島立下戰功，曾試圖舉辦成為執政官的凱旋儀式，但是元老院以解除武裝為由加以駁回。凱撒對此感到不服，遂而締結了三頭同盟的祕密協議。

三頭同盟瓦解後，凱撒與站到元老院陣營的龐培交戰並登陸埃及（龐培辭世）。他後來被捲入埃及王位繼承權的問題之中，與克麗奧佩脫拉共度半年的時光。此後，他擊敗了龐培派的餘黨，終結了各地的內亂，然後回到羅馬並成為終身獨裁官。

凱撒所留下的名言多不勝數

凱撒也是一名眾所周知的雄辯家，就連同時代的大辯論家西塞羅都曾對凱撒的演說感嘆，「即便窮極一生學習修辭學，也無法企及」。他說過的話很多都以名言的形式傳遞至今。

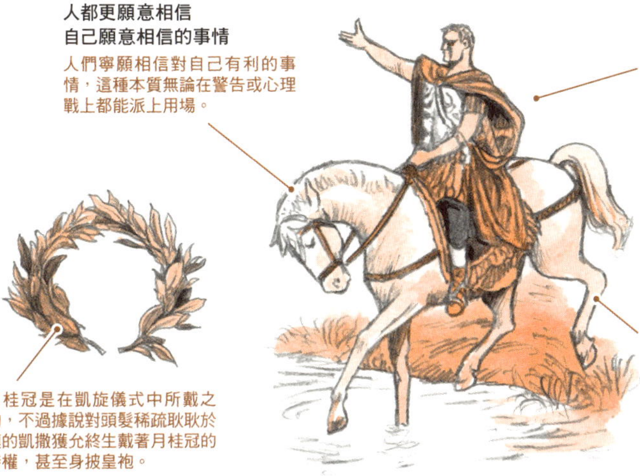

人都更願意相信自己願意相信的事情

人們寧願相信對自己有利的事情，這種本質無論在警告或心理戰上都能派上用場。

骰子已經擲下

全副武裝橫渡羅馬邊境的盧比孔河與龐培交戰時所說的話。蘊含著決不後退的決心。

我來、我見、我征服

Veni, vidi, vici。在打敗龐培並鎮壓小亞細亞的叛亂後，凱撒送了一份捷報回母國。以極為簡潔的拉丁語寫成而被當作名句。

月桂冠是在凱旋儀式中所戴之物，不過據說對頭髮稀疏耿耿於懷的凱撒獲允終生戴著月桂冠的特權，甚至身披皇袍。

參與殺害宛如父親般的凱撒

布魯圖斯

馬爾庫斯・尤利烏斯・布魯圖斯

西元前85~前42年

一般認為他是第一任執政官大布魯圖斯（→P34）的後裔。年幼失怙，由母親的情人凱撒撫養成人。在凱撒被元老院視為「共和制之敵」時，他加入了龐培軍，但後來臣服於凱撒。他不僅沒有被指控任何罪行，還成了凱撒的親信，之後也持續受到優待。然而，他卻參與了凱撒的暗殺。凱撒那句「你也有份嗎，布魯圖斯？」遠近馳名。布魯圖斯在之後的後三頭同盟體制中敗給安東尼軍，自盡身亡。

西元前44年3月15日，凱撒於緊鄰龐貝劇場的列柱廊中遭到暗殺。據說23道刀傷中有2處致命傷。

安東尼

在凱撒繼承權之爭中落敗

DATA

個人名稱	馬克
氏族名稱	安東尼
出生年	西元前83年
歿　年	西元前30年
主要官職	護民官、執政官、國家再建三人委員
子　女	小安東尼（兒子）、克勞狄一世（孫子）

五官高貴有威嚴。擁有如角鬥士般身強力壯的體格，甚至自稱是英雄海克力斯之子安東的後裔。
吃喝嫖賭樣樣來，轉眼就花光了遺產。浪子的評價如影隨形。
母親為凱撒家族的後裔。年幼失怙。養父母因為涉及喀提林事件（→P39）而遭處決，因而憎恨參與該審判的西塞羅。

凱撒遭暗殺時，安東尼被視為繼承人之一。聽了安東尼以「各位朋友，各位羅馬人，各位同胞」為開頭的追弔演說後，民眾深受感動，更加痛恨暗殺凱撒的那些人。

一般對安東尼的評價是：在和平時期不務正業，危機來臨時卻成了高潔的人物。實際上，安東尼打敗了暗殺凱撒的幾個主謀並成為三頭同盟的一員，後來卻與很看好他的埃及女王克麗奧佩脫拉耽溺於甜蜜生活之中。他與另一位有權有勢的繼承人屋大維徹底決裂後，便與為了政治聯姻而娶的屋大維的姊姊離婚。屋大維對此勃然大怒，對安東尼與克麗奧佩脫拉宣戰。儘管如此，2人仍豪華宴會與玩樂不斷，過著奢華至極的生活。在一決雌雄的戰役中，因為克麗奧佩脫拉逃走而不費吹灰之力就分出勝負。埃及軍投降，安東尼的麾下已無一人。安東尼在聽聞克麗奧佩脫拉的死訊後便企圖自殺，瀕死之際才得知是誤傳。

改變安東尼命運的幾個女人

據說他的第三任妻子富爾薇婭對丈夫有很大的影響力。在她離世後，安東尼與屋大維的姊姊奧克塔維亞結婚，但是據說他與克麗奧佩脫拉度蜜月點燃了屋大維的怒火，使其走向毀滅之路。

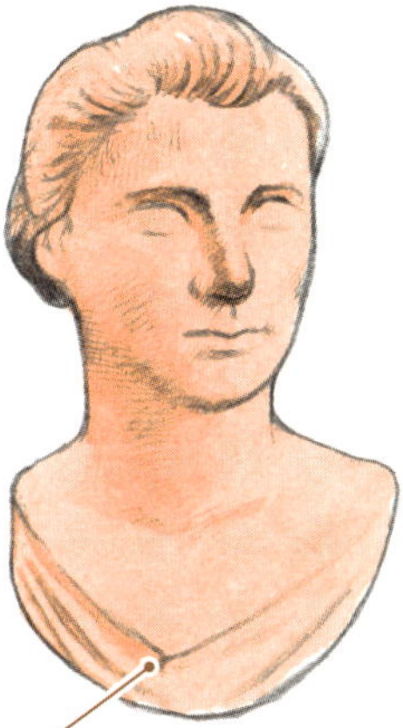

奧克塔維亞

第四任妻子。屋大維的姊姊。在三頭同盟成立時，以所謂政治聯姻的形式結婚。據說她接手養育了安東尼前妻的幾個孩子。以賢母之姿備受尊敬。

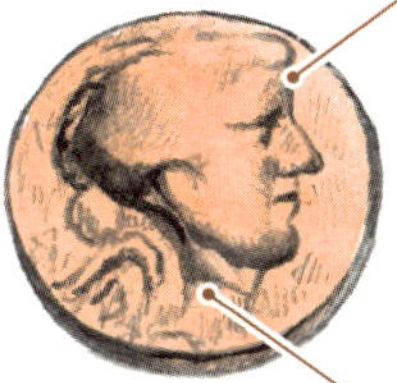

富爾薇婭

安東尼的第三任妻子。也是富爾薇婭的第三段婚姻。娘家在羅馬也是特別富裕的家族。她積極地發起政治運動，影響著安東尼的舉措與決策。

在西塞羅的著作《菲利普斯》中，譴責這對夫妻是為了金錢與權力而結婚。西塞羅是被安東尼所殺，據說富爾薇婭為此欣喜若狂，還割掉他的舌頭。這兩人的關係成了繪畫的題材。

征服羅馬掌權者的世紀美女

克麗奧佩脫拉

克麗奧佩脫拉七世・費洛巴托

西元前69~前30年

埃及托勒密王朝末期的女王（法老王）。埃及作為羅馬的糧食供應來源而寬裕起來，在政治方面也與羅馬有很深的牽扯。克麗奧佩脫拉因為王權之爭而遭流放，追擊龐培而來的凱撒卻助其重新登上王位。兩人之間生下了凱撒里昂。她在凱撒死後，與安東尼結婚生子。與羅馬權貴之間的關係為其權力基礎，不過據說她與安東尼之間的關係可能遠不只於此。

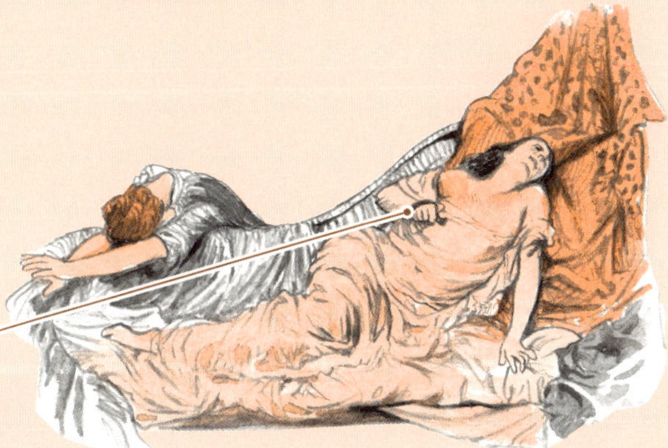

蛇毒

屋大維對克麗奧佩脫拉以禮相待，但是她害怕在凱旋儀式上被當眾譴責，於是讓自己被毒蛇咬，結束了生命。

奧古斯都

將自己神化的第一任皇帝

本名為蓋烏斯・屋大維（Gaius Octavius）。不過之後又改了幾次名，為求方便，有時會稱之為「屋大維烏斯」（Octavianus，原意為Octavius）。
戰後，他寬恕了與之為敵的羅馬人，甚至對外國人也都從寬處理。其仁慈之心（Clementia）應也是承繼自凱撒。
腸胃特別弱，經常圍著腰帶，隨身攜帶多種藥物，且有醫生隨侍在側。

DATA

全　名	蓋烏斯・尤利烏斯・凱撒・屋大維烏斯
在位期間	西元前27～西元14年
生歿年	西元前63～西元14年
朝　代	儒略－克勞狄王朝
子　女	提比略（養子）

相傳他從小就勇敢有威嚴，但是體弱多病。19歲時，凱撒遭暗殺，其遺書指名他當繼承人。20歲時，獲選為執政官，趁此機會組織了三頭同盟（國家重建三人委員會），與安東尼、雷比達合力掃蕩反凱撒派。最後打敗安東尼，成為唯一的統治者。

西元前27年，從元老院獲得「奧古斯都」的尊稱，成為第一任皇帝。他在保留共和制結構的同時，建立了獨裁政權，可謂是一步新嘗試。奧古斯都曾說過：「我接手的羅馬是座磚造城市，交給你們一座大理石之城。」他將羅馬整頓成抗災帝都，也將埃及列為皇帝直轄地，並力圖穀物供應的穩定。他還明確統整出身分制度、強化警力、禁止結社等，藉此加強維護治安。經歷這些改革，內亂不斷的羅馬終於迎來和平，市民也更加支持皇帝。

然而，奧古斯都在立定繼承人時並不順利，只好指名繼子（妻子莉薇亞的兒子）提比略為繼承人。他在那不勒斯近郊的城鎮諾拉病逝，享年75歲。

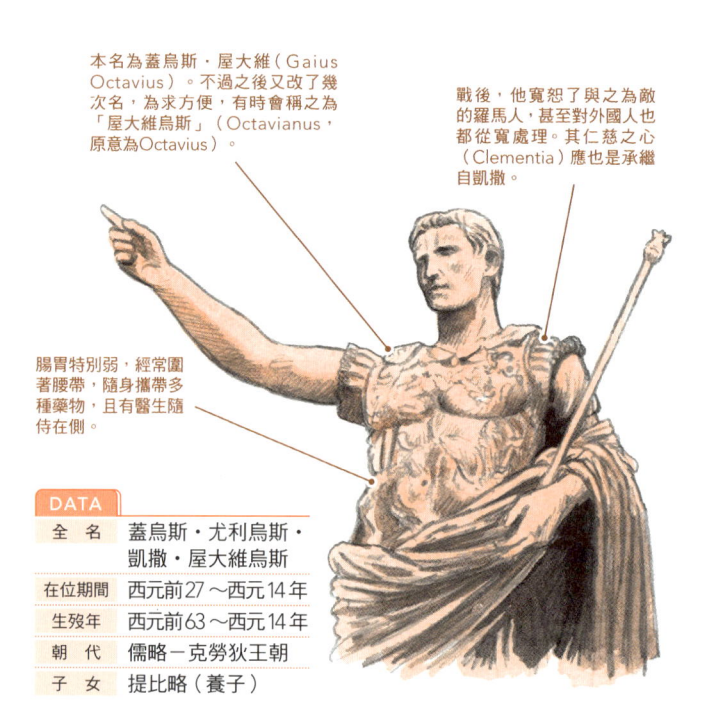

476　西元235　0　27　60　509　西元前753
東羅馬帝國　帝政後期　帝政前期　三頭同盟　共和制　君主制

奧古斯都與藝術的振興

帶來和平的奧古斯都大帝在藝術振興方面也不遺餘力。梅塞納斯成為其得力助手。他深入結交並支持寫出《詩藝》的賀拉斯、著有《艾尼亞斯紀》的維吉爾等羅馬大詩人，以及無數藝術家。

奧古斯都正在鑑賞梅塞納斯的藝術發表。

梅塞納斯

活躍於內戰時期，從奧古斯都得到豐厚報酬，但對權力地位無欲無求。「mécénat」一詞指藝術文化的贊助者，源於梅塞納斯的法國讀音。

維吉爾

羅馬三大詩人之一。代表作《艾尼亞斯紀》在其辭世後才由奧古斯都出版。

和平祭壇（Ara Pacis Augustae）

「由奧古斯都打造的和平祭壇」之意。在奧古斯都逝世後，由元老院獻出。描繪了擔任大司祭的皇帝、大地的女神、元老院與角鬥士等。使用當時的碎片復原而成的祭壇目前展於和平祭壇博物館中。

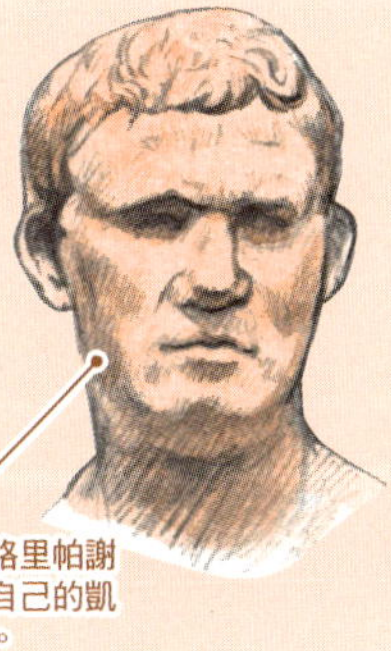

據說阿格里帕謝絕舉辦自己的凱旋儀式。

將所有勝利獻給朋友的指揮官

阿格里帕

瑪爾庫斯・維普撒尼烏斯・阿格里帕

西元前63～前12年

奧古斯都在留學之地阿波羅尼亞遇到的終生好友。他曾代替體弱多病的奧古斯都擔任實質的軍事指揮官。第一任皇帝的每一場勝仗都是阿格里帕的功績。沒有親生兒子的奧古斯都希望讓阿格里帕的兒子當上皇帝，便把女兒茱莉亞嫁給他，為他生下外孫蓋烏斯與路奇烏斯。然而，諷刺的是，無論是阿格里帕還是他的幾個孫子都比病弱的奧古斯都還要早逝。

尼祿

羅馬史上最著名的「暴君」

DATA

全　名	尼祿・克勞狄烏斯・凱撒・奧古斯都・日耳曼尼庫斯
在位期間	西元54～68年
生歿年	西元37～68年
朝　代	儒略－克勞狄王朝

據說尼祿出手闊綽且喜歡以華麗服飾亮相來引人注目，在宮廷頗惹人嫌，卻備受民眾愛戴。
尼祿所參加的奧林匹克根本是專為自己舉辦的競賽，勝負早已底定。儘管如此，據說民眾還是會為他喝采。
據說他的臨終遺言是「如此偉大的藝術家將從這個世上消失」。在他逝世後仍備受民眾愛戴，甚至有將其神化的趨勢。

尼祿的母親阿格里皮娜是在宮廷權力鬥爭中展現強硬實力的人物。首先，她試圖除掉兄長，也就是瘋狂的皇帝卡利古拉，但事跡敗露而遭流放。後來獲得叔叔克勞狄烏斯的喜愛，甚至為她修法使其得以改嫁，後又讓兒子尼祿與克勞狄烏斯的女兒結婚，籌謀著成為「皇帝之母」，但據說又急不可待地毒殺了身為皇帝的丈夫。

尼祿就這樣在16歲時就成了最高掌權者。起初還會在親信的建議下實施德政，但後來毒殺了視為眼中釘的前皇帝克勞狄烏斯的親生兒子。5年後又殺害總是處處干涉的母親。此後接連處死妻子、再婚的第二任妻子、親信布魯斯，甚至是教育家兼哲學家的塞內卡。於西元64年，尼祿將基督徒視為羅馬大火的元兇，而加以迫害。

另一方面，他會以運動員或藝術家自居，並以選手身分參加奧林匹克等，無比渴望民眾的喝采。尼祿做過的愚蠢行為不計其數而眾叛親離，最終以匕首刺入自己的脖子自盡身亡。

背叛、陰謀、迫害與暗殺

奧古斯都創建了和平，但是到了第三任的卡利古拉以後，開始一場場爭奪皇權的血腥鬥爭。此外，尼祿所犯下的殺戮中，最知名的便是對基督教的迫害。他把在羅馬發生的大火嫁禍給基督徒，並將他們全部處死。

卡利古拉

尼祿的母親阿格里皮娜的哥哥，為第三任皇帝。一開始是頗受民眾愛戴的皇帝，但在身患重病後搖身一變成了暴君。他急躁地開疆擴土，並推動大規模的建設事業，導致財政崩潰，最終亦遭到暗殺。

阿格里皮娜

尼祿的母親阿格里皮娜因為暗殺卡利古拉的計畫敗露而被判處流放。之後卡利古拉與元老院等發生衝突而遭暗殺。阿格里皮娜與下一任皇帝克勞狄烏斯結婚，並將尼祿推上皇位，試圖掌握政治上的影響力。結果招致禍端，她被自己的兒子所殺。

對基督徒的迫害

被捕的基督徒被當作「人肉火把」加以處死。尼祿像在看表演活動般享受這些場景。

儒略－克勞狄王朝的簡略家譜

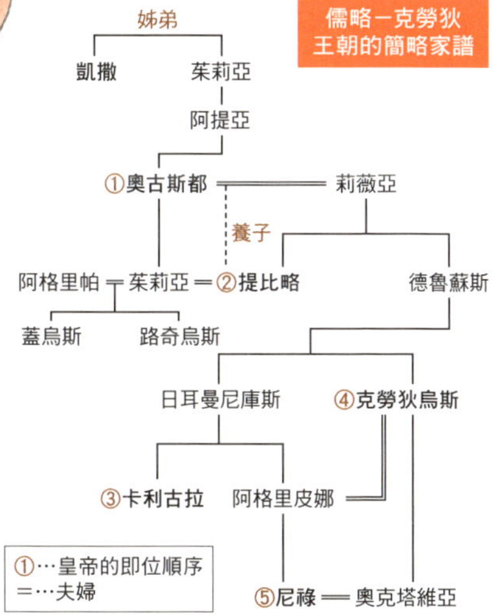
姊弟
凱撒
茱莉亞
阿提亞
①奧古斯都
莉薇亞
養子
阿格里帕
茱莉亞
②提比略
德魯蘇斯
蓋烏斯
路奇烏斯
日耳曼尼庫斯
④克勞狄烏斯
③卡利古拉
阿格里皮娜
⑤尼祿
奧克塔維亞
①…皇帝的即位順序
＝…夫婦

無法忍受尼祿惡行的導師

塞內卡

小盧修斯・阿內烏斯・塞內卡

西元前1～西元65年

斯多葛派的哲學家。尼祿的導師。尼祿找塞內卡商討除去總是針鋒相對的母親阿格里皮娜，他表示同意。後來尼祿的情婦波培婭手握大權，而曾與塞內卡一起反對他們結婚的布魯斯溘然長逝。塞內卡上繳了財產，並表示希望專注於研究而提出實質上的引退。之後被指控涉嫌參與廢黜尼祿的陰謀而被下令自盡。亦以悲劇作家之姿為人所知。

在執行殺害阿格里皮娜的計畫後，編制了一份文件將其謀殺正當化。

五賢帝

建構極樂時代的5個人的真實面貌

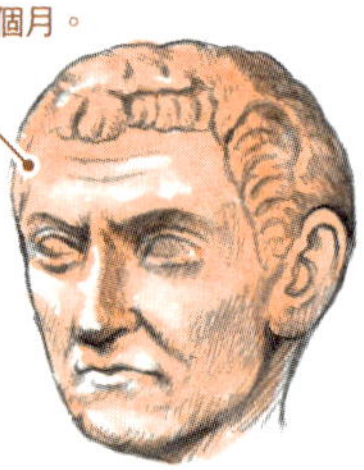
在位僅16個月。

1.涅爾瓦

DATA

全　名	瑪爾庫斯・寇克烏斯・涅爾瓦
在位期間	西元96～98年
生歿年	西元35～98年

蓄著一把漂亮的鬍鬚，後來的皇帝都爭相效仿。

3.哈德良

DATA

全　名	普布里烏斯・埃里烏斯・特拉揚努斯・哈德里亞努斯・奧古斯都
在位期間	西元117～138年
生歿年	西元76～138年

被譽為「最佳元首」，卻也有嗜酒如命好男色的一面。

2.圖拉真

DATA

全　名	馬庫斯・烏爾比斯・涅爾瓦・特拉揚努斯
在位期間	西元98～117年
生歿年	西元53～117年

所謂的五賢帝，是指帶來羅馬全盛時期的5名皇帝（→P22）。涅爾瓦即位時已經年過60，還體弱多病且無子嗣。在這樣的處境下，身為掌權者的他致力於選出一位可靠的繼承人，就這樣發現圖拉真並收養了他。

圖拉真在位約20年，羅馬版圖在這期間擴展至最大。他效仿先例，在臨終前指名堂弟的兒子哈德良為繼承人。不過也有人懷疑這是他的妻子普洛蒂娜策畫的結果。

哈德良是一個熱愛藝術與狩獵的人，並著迷於希臘文化。養子早逝，因此順從元老院的意願收養安敦尼為新養子。

安敦尼沒有辜負養父的期望，實施聖人般的德政，因而有綽號為「Pius（孝子之意）」。

馬可皇帝與養弟維魯斯展開史上首次的共同執政。《沉思錄》中記錄著皇帝的責任、與眾神之間的關係、宇宙的真理、處世之道等自我對話，至今仍為人們所閱讀。

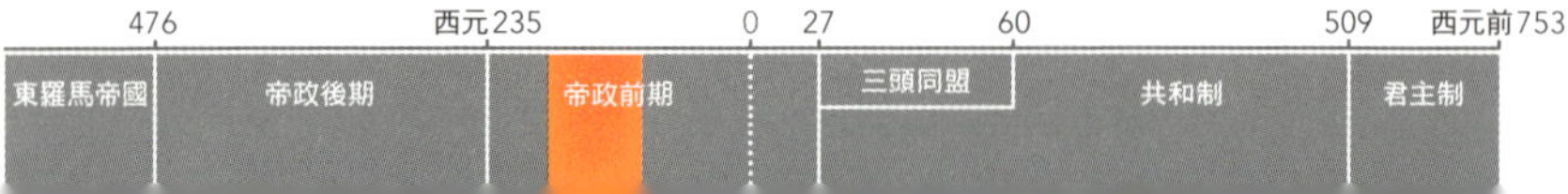
476
西元235
0
27
60
509
西元前753
東羅馬帝國
帝政後期
帝政前期
三頭同盟
共和制
君主制

以哲學家之姿而聞名，別稱為「哲學家皇帝」。

DATA	
全　名	提圖斯・富爾維烏斯・埃利烏斯・哈德里亞努斯・安東尼努斯・奧古斯都・畢尤
在位期間	西元138～161年
生歿年	西元86～161年

4.安敦尼・畢尤

未發起對外戰爭或引發叛亂，創建最和平的時代。

5.馬可・奧理略・安東尼

DATA	
全　名	馬可・奧理略・安東尼
在位期間	西元161～180年
生歿年	西元121～180年

五賢帝時代遺跡

羅馬帝國在這個時期建構了最大版圖，無內戰且國庫充盈，還興建了許多建築。為了紀念達契亞戰爭的勝利而建的圖拉真廣場與圖拉真橋等，圖拉真大帝下令建造的建築幾乎都是由專聘的敘利亞建築師阿波羅多洛斯所負責。此外，還建造了「紀念柱」來頌揚皇帝的偉業。圖拉真紀功柱（→P111）、馬可奧里略圓柱等仍保留於羅馬市內。

圖拉真市場

據說是世界上第一座購物中心。圖拉真大帝給人終其一生都在征戰的印象，另外也因建造了當時最大的浴場而聞名。

安敦尼畢尤紀念柱

安敦尼・畢尤在位20年期間沒有發生任何戰爭，據說還創造了帝國史上最大的財政儲備，與愛妻大福斯蒂娜一起被神化。紀念柱是在他與世長辭後為了頌揚其功績而建，但如今僅存基座。

戴克里先

從士兵成為統一天下大業的改革者

DATA

全　名	蓋烏斯・奧理略・瓦列留斯・戴克里先
在位期間	西元284～305年
生歿年	西元244～311年
朝　代	四帝共治

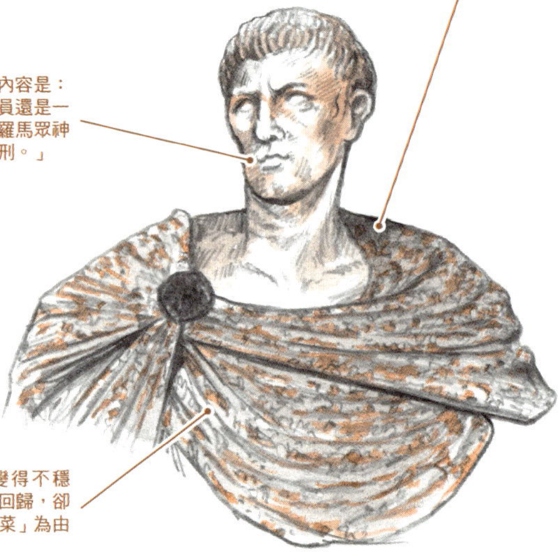
總是身穿織入金線的絲綢禮服，腳踏綴以寶石的鞋子，要求臣子跪下叩拜。
最後一道敕令的內容是：「無論是神職人員還是一般信徒，不祭拜羅馬眾神者，一律處以死刑。」
引退後，政局變得不穩定，有人懇求他回歸，卻以「要照顧高麗菜」為由拒絕了。

戴克里先誕生於亞得里亞海沿岸的薩羅納（今克羅埃西亞的斯普利特）的近郊。有則說法指出，他的父親是一名解放奴隸。儘管身分低微，卻以軍人之姿嶄露頭角，一步步從高級軍官、部隊指揮官，並於39歲時晉升為親衛隊的騎兵隊長。一般認為他一直暗懷野心，當時的皇帝努梅里安遭暗殺，以及他的即位，皆留有陰謀的氣息。

他在登基為帝後便展開重大改革。四帝共治是將帝國劃分為東西兩部分並設置正帝與副帝，目的不僅是為了合理統治廣大的領土，也是為了增加篡奪帝位的難度。除此之外，其改革還包括文武分離、官僚體制、稅收制度等各個面向。然而，他進行了一場史上最大規模且為最後一次的基督教大迫害，使得後世更強調其殘酷惡人的一面。

不過他度過了安詳的晚年。他以健康為由自行引退，並歸隱故鄉。在羅馬歷史上，大概唯有他與蘇拉在登上權力顛峰後卻毫不戀棧。

透過強硬的領導力進行改革

雖說是四帝共治制，但實際上仍以戴克里先的判斷與指導為第一優先。他首先改革的是軍事，增強兵力、重新編製行省，並為了維持這些局面而力求經濟穩定等，一個接一個付諸實行。若非強大的個人，是無法實現的。

限制最高價格法

設定價格上限以控制通貨膨脹。違反者處以死刑。

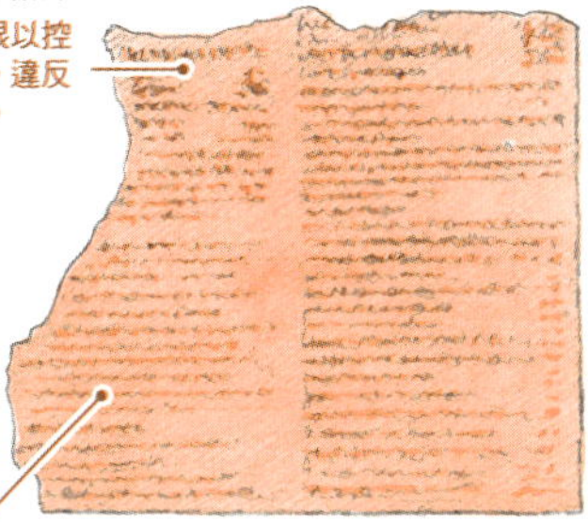

限制最高價格法的殘片，收藏於佩加蒙博物館。

基督教大迫害

強迫帝國內的基督徒改變信仰，違抗者處以死刑。據說有數以千計的人被處死。這是最後一次也是規模最大的迫害。

建於斯普利特的宮殿（→P106）

戴克里先為了退隱而建造的宮殿。以高度超過20m的城牆環繞四周，設有巨大的門與瞭望塔，還兼具軍事設施的功能。他因健康不佳而於305年退位。在斯普利特（今克羅埃西亞）建造宮殿並隱居其中。已被指定為世界文化遺產。據說他過著栽種高麗菜的隱居生活。

戴克里先的左膀右臂

馬克西米安努斯

馬庫斯・奧勒留・瓦勒里烏斯・馬克西米安努斯

西元250~310年

在軍人皇帝時代（→P24）一路晉升，於戴克里先登基為帝時被任命為副帝。甚至在展開四帝共治後，就任西部的正帝。據說擅長軍事的馬克西米安努斯在與異民族的戰役中代替戴克里先大展身手。戴克里先退位後，他也被迫退位。不過之後曾兩度復位。第一次是被戴克里先阻止而退位，第二次則是與君士坦丁大帝（→P52）爭奪皇位，戰敗後他也遭到逮捕。

君士坦丁大帝

曾接受洗禮的基督教守護者

DATA

全名	蓋烏斯・弗拉維烏斯・瓦勒里烏斯・君士坦提烏斯
稱號	偉大者
在位期間	西元306～337年
生歿年	西元272～337年
朝代	君士坦丁王朝
子女	克里斯普斯、君士坦丁二世

接手並完成戴克里先在官僚制度、階級社會與稅收制度等方面的改革。
於西元324年再度統一東西羅馬。西元330年於拜占庭建造新都君士坦丁堡，長期作為東羅馬帝國的首都。
曾說過：「最佳行為皆出於上帝的旨意，而執行上帝指令的是人。」

他在父親離世後，繼承其基業，於西元306年即位為西部副帝。在多位皇帝紛立的內戰中勝出，與妹夫李錫尼作為東西部的正帝分而治之。

在貨幣改革中，制定索利都斯金幣（Solidus）為其政績之一。高純度鑄造的金幣以國際貨幣之地位通用，一直維持到東羅馬帝國瓦解為止，亦為現今美元符號的起源。

從歷史上來看，君士坦丁大帝是特別值得一提的基督教庇護者。戴克里先的大迫害僅過去10年，他就透過米蘭敕令（→P28）正式承認基督徒，甚至自己也改信基督教。此後，基督教在全歐洲成為壓倒性的存在。

然而，這種宗教觀上的差異導致他與李錫尼之間的關係出現裂痕，兩人開始針鋒相對。君士坦丁大帝成為唯一的統治者，李錫尼則被處死。後來又陸續發生以通姦罪處死兒子克里斯普斯、妻子被控涉嫌謀逆而自盡等事件，據說君士坦丁大帝飽受罪惡感的折磨，從這個時期開始更加熱中於基督教。

476	西元235	0	27	60	509	西元前753
東羅馬帝國	帝政後期	帝政前期	三頭同盟	共和制	君主制	

身為基督徒的皇帝

自君士坦丁大帝頒布米蘭敕令並舉辦公會議以來，國內的基督教化進展順利，最終成為國教。亦可說是一個歷史上的轉換期，為後世將基督教圈擴及全歐洲且教宗為羅馬皇帝「加冕」的時代奠定了基礎。

洗禮

目前尚未釐清君士坦丁大帝是何時接受洗禮。有一種說法認為，他是在臨終時才受洗。

神的啟示

相傳他在米爾維安大橋戰役中得到「汝將贏得此戰」的啟示，並打了勝仗，從此改信基督教。

Aula Palatina

位於德國特里爾的巴西利卡。以羅馬遺跡群之姿成為世界遺產。

君士坦丁大帝自即位以來便以特里爾為主要據點。還整建了公眾浴場與圓形競技場等。

刻有尤利安皇帝的索利都斯金幣。

被基督徒鄙視為「叛教者」

尤利安

弗拉維烏斯·克勞狄烏斯·尤利安努斯

西元331?~363年

君士坦丁大帝的姪子。家人因為一場陰謀而遭暗殺，年幼的尤利安與哥哥一起被幽禁了6年。解除流放後，在軍事與行政上皆有功績。他從年輕時就接觸到基督教的著作、異教派與密特拉信仰等，對哲學等也很熱中。基於這些知識與經驗，開始對基督教產生懷疑，登基為帝後便廢除了基督教的優待政策等。諷刺的是，他比基督徒更加禁慾，卻未能獲得民眾的支持，短命而終。

COLUMN❷

對羅馬帝國展露敵意的女性

布狄卡與芝諾比婭

羅馬帝國曾入侵各地並占有大量行省領土。有兩名女性舉起反抗大旗，勇猛果敢地挑戰這樣的羅馬，因而青史留名。

一位是凱爾特人愛西尼族的女王布狄卡。愛西尼族是不列顛尼亞東部的一個部族。當時大不列顛島南部的行省「不列顛尼亞」是由羅馬帝國所統治。皇帝尼祿統治期間，布狄卡的丈夫普拉蘇塔古斯國王逝世後，羅馬帝國將愛西尼族的領地實際納入版圖之中。布狄卡便於西元60～61年左右率領部族揭竿而起。她在激戰之後落敗，卻被視為英國史上的第一位英雄。

另一位則是時值一片混亂的軍人皇帝時代的行省「帕米拉」（今敘利亞）的女王芝諾比婭。她的丈夫奧登納圖斯為羅馬帝國鞠躬盡瘁，因此被委任統治帕米拉，建立了實質上的帕米拉帝國。據說芝諾比婭曾身著軍裝陪著丈夫上戰場並傳授智謀。在丈夫死後與兒子一起成為共同統治者，趁羅馬陷入混亂之際擴張領土。亦自詡為「埃及女王」或「迦太基女王」等。然而，她在與羅馬的對決中兩度大敗後被俘虜。最後被黃金鎖鏈綑綁並押至羅馬市內遊街示眾。

布狄卡

愛西尼族的女王，因為羅馬試圖將其領地納入版圖才揭竿而起。當時的歷史學家評價她是一位「充滿智慧的女性」。

布狄卡於17世紀維多利亞女王統治期間聲名鵲起，成為艦隊的名稱。連西敏宮中都建有她的銅像。

芝諾比婭

帕米拉的女王。打著獨立的旗幟對羅馬帝國開戰。據說後來還自詡為「克麗奧佩脫拉的繼承人」。

與芝諾比婭對抗的羅馬皇帝曾在一封信中寫道：「羅馬市民之所以稱芝諾比婭為『一介女流』，是因為他們對芝諾比婭的個性與實力一無所知。」

第3章

最強羅馬軍團與戰爭

古羅馬軍隊的戰鬥風格

分成三個陣形迎戰敵人

羅馬從一個都市到建構出一個大帝國為止，曾與眾多國家的各種軍隊展開不計其數的戰鬥。其中特別值得一提的強大祕密，據說是嚴格的「紀律」。

羅馬的軍團被稱作「Legio」，特色在於以「Centuria（百人隊）」為基本單位，並將Phalanx（密集陣形）編制成三線陣。隊伍有條不紊、全軍環環相扣、置身任何戰局皆可自由排兵部陣，這一切皆得益於嚴格的軍紀。

事實上還流傳著這樣的軼聞：即便是執政官的兒子，或是曾立下大功之人，只要違反軍紀，比如打亂陣形搶先攻入敵陣等，就會被處死。此外，馬其頓的長矛步兵在密集陣形的戰鬥中號稱所向披靡，卻敗給在機動性上占上風的羅馬軍。

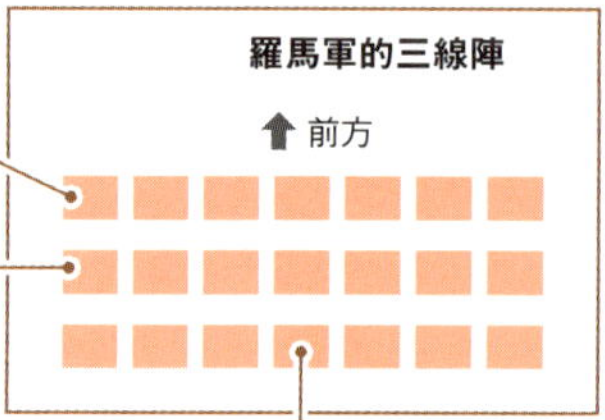

青年兵（Hastati，第1線）
部署了敏捷性絕佳的年輕新兵。標槍與短劍為主要裝備，防護用具較輕。目的是摧毀敵人的最前排。

壯年兵（Principes，第2線）
在敵人前線崩潰時交換位置，移動至前排。此列部署了體力良好的壯年主力士兵。

成年兵（Triarii，第3線）
以老兵所組成，主要配備為長矛。防護用具最為高級。

軍團長（legatus legionis）
軍團的指揮官。根據馬略（→P16）的軍制改革所創設。是從元老院議員中選出。

少年兵（Velites，散兵）
不進入密集陣形之中，部署於最前列，以標槍衝鋒。會身穿毛皮以便識別。

訓練有素的步兵

「龜甲陣（Testudo）」是結合盾牌打造出比平常更密集而無間隙的防禦陣形，對上以弓箭為主的敵人可說是所向披靡。一般認為主要運用於攻城戰。需要大量的訓練才能實現如現代橄欖球般的團隊合作。

裝備要自費

在共和時期的羅馬，士兵都是自備裝備。據說財力不夠的人則擔任輕裝步兵。

特色在於陣列的交換

三線陣為羅馬軍的最大特色。會輪番讓最前列後撤而第2列前移，讓士兵得以休整，因此如果變成持久戰也不會輸。馬其頓軍所用的薩里沙長矛（Sarissa）長達5m而讓敵人近不了身，雖然威力強大，卻無法做出這類動作（→P73）。

百夫長（Centurion）
百人隊的指揮官。是擁有訓練與隊內賞罰權的重要職位。有層級之分，只要當上首席百夫長（Primus pilus），就能指揮大隊（Cohors）。
軍團副官
輔佐軍團長的職位，也有指揮權。1個軍團裡有6名。
騎兵
部署於列隊的兩翼進行防禦，防範我軍遭敵軍包圍。

正統但強大的羅馬軍裝備

武器與防護用具

據說羅馬軍最初由士兵自行購置裝備是天經地義的事，而重裝步兵較為普遍，所以即便是一般裝備的花費也很可觀。從新兵到老兵，裝備的充實程度也會隨之提高，晉升為指揮官百夫長後，還會加些華美的裝飾等。

因此，有些羅馬市民會因為負擔不起裝備而無法參戰。換句話說，參與戰爭是貴族或富裕階層的「特權」。

到了共和制後期，羅馬的版圖逐漸擴大，士兵的數量卻持續減少。因此，將軍馬略為了解決這個狀況，決定招募志願兵且身分不拘。開始提供裝備並發放軍餉給志願兵。這項軍制改革也有助於確保軍事力量的穩定，但個人武力的強化卻導致共和制逐漸瓦解。

指揮官百夫長的裝備

指揮官的裝備上會加上特殊的設計，頭盔上有顯眼的裝飾，與一般士兵相比便可一眼辨識出來。

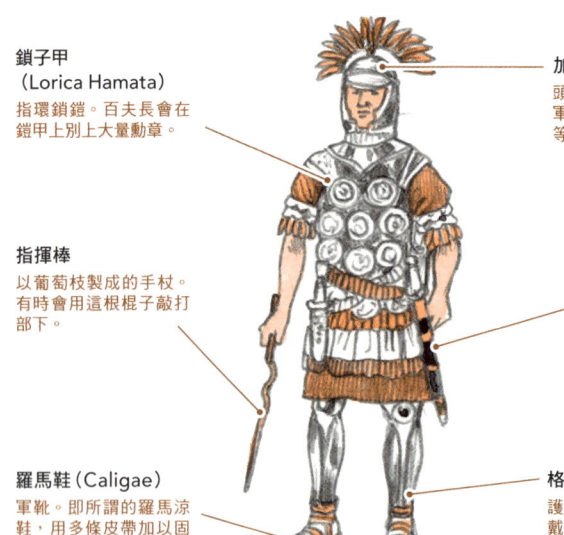

鎖子甲
（Lorica Hamata）
指環鎖鎧。百夫長會在鎧甲上別上大量勳章。
加利亞頭盔（Galea）
頭盔有鐵製品與皮革製品之分。軍團長等指揮官的頭盔會以馬毛等加以裝飾。
指揮棒
以葡萄枝製成的手杖。有時會用這根棍子敲打部下。
羅馬鞋（Caligae）
軍靴。即所謂的羅馬涼鞋，用多條皮帶加以固定至腳上。
格里夫斯（Greave）
護脛甲。如果是低階士兵，會只戴單邊或不戴，不過對指揮官而言，護脛甲也是一種特殊裝飾。

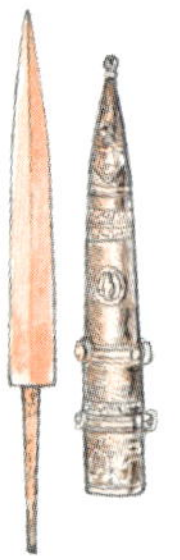

羅馬短劍
（Gradius）
Gradius在拉丁語中意指短劍，亦為Gladiator（角鬥士）的語源。刀刃長度短約為50～70cm，是一種短、厚且寬的雙刃劍。尖端鋒利，刺擊的功能性相當好。

重裝步兵與騎兵

重裝步兵為軍團的核心。軍團是透過徵兵編組而成，不過一般是擁有羅馬市民權與一定財產的人才能成為重裝步兵。至於兵役期，騎兵為10年、重裝步兵為16年。

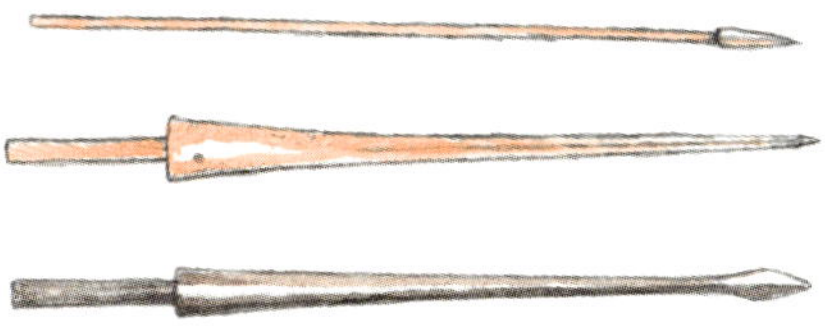

羅馬重標槍（Pilum）

用於遠距離攻擊的投擲用長矛。在改成共和制戰陣之前，是以長矛（Hasta）為主力，不過第3線以外一般是使用標槍。

加利亞頭盔（Galea）

最初只是單純的碗形頭盔，但隨著時代的推移，增添了護頰片、用以遮雨並保護額頭的眉庇（面甲）、保護枕部的護頸片等。

環片甲（Lorica Segmentata）

以沿著身體彎曲的板金層疊而成的鎧甲。對打擊與刺擊的耐久度高。不使用時可以緊密地收納。比鎖子甲還要昂貴。

羅馬匕首（Pugio）

短劍。形狀為羅馬短劍的縮短版。雖為輔助用的武器，卻會加上用以炫耀階級等的裝飾。

羅馬長盾（Scutum）

重裝步兵所使用的盾牌。Scutum也是用來表示一般盾牌的名稱。盾牌上所描繪的圖案代表著所屬軍團，依不同軍團而異。

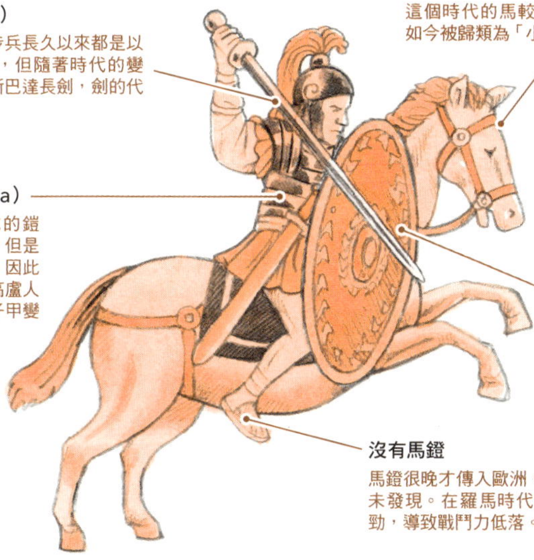

馬

這個時代的馬較為小型，約140cm，如今被歸類為「小馬」。

斯巴達長劍（Spata）

騎兵所使用的長劍。步兵長久以來都是以羅馬短劍為主要裝備，但隨著時代的變遷，步兵也開始使用斯巴達長劍，劍的代名詞就此被取代。

鱗片甲（Lorica Squamata）

以金屬短片縫合而成的鎧甲。比板金鎧甲還輕，但是更需要技術且費工夫，因此並未成為主流，根據高盧人的裝備所構思出的鎖子甲變得較為普遍。

盾（Cetratus）

騎兵所用的盾牌。製成便於騎兵握持的細長狀。

沒有馬鐙

馬鐙很晚才傳入歐洲，在7世紀之前並未發現。在羅馬時代騎馬無法奮力使勁，導致戰鬥力低落。

海戰技術

海軍戰勝迦太基的祕密

羅馬的軍隊是以陸軍為主力，海軍的地位在其之下。羅馬已經稱霸地中海世界，但令人意外的是，當時尚不具備優秀的船員，甚至直到與迦太基對峙之前都還沒有正規的海軍（→P66）。

為了對抗迦太基，羅馬趕建出100艘槳帆船（Galley）。起初因為槳手缺乏經驗而戰敗，但最終仍在海戰中贏得勝利。羅馬轉為帝政後，為了統治幅員遼闊的版圖，於各個海域皆部署了艦隊，不過據說採用的是自古以來海洋技術卓越的希臘的船隻與船員。

帝政時期的首都羅馬已經成為人口達100萬人的大都市，但在糧食生產方面卻仍依賴其他地區，因此物資幾乎都仰賴進口。穀物大多產自埃及與北非，海上運輸在這方面也至關重要。

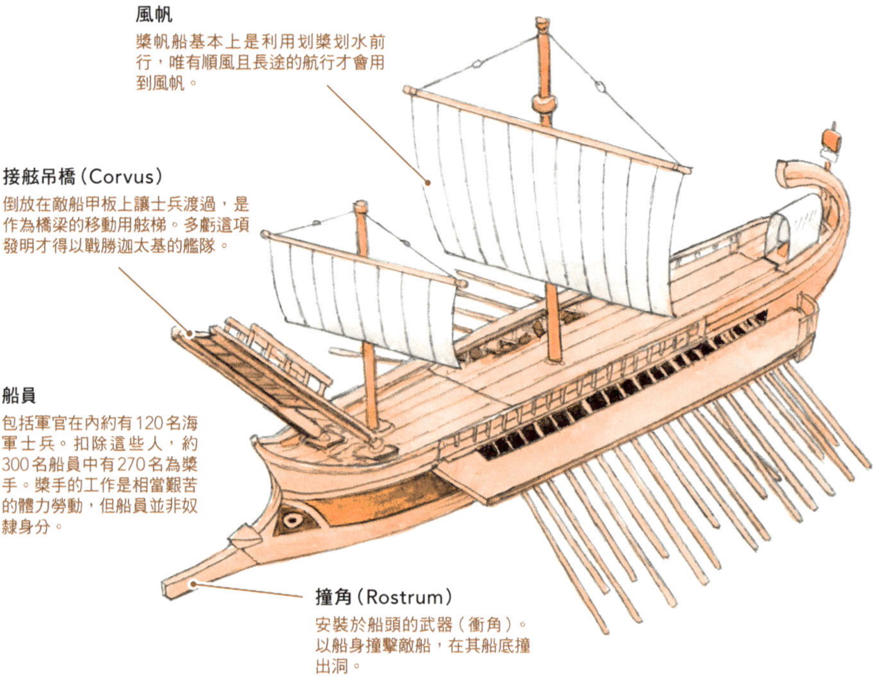

風帆
槳帆船基本上是利用划槳划水前行，唯有順風且長途的航行才會用到風帆。
接舷吊橋（Corvus）
倒放在敵船甲板上讓士兵渡過，是作為橋梁的移動用舷梯。多虧這項發明才得以戰勝迦太基的艦隊。
船員
包括軍官在內約有120名海軍士兵。扣除這些人，約300名船員中有270名為槳手。槳手的工作是相當艱苦的體力勞動，但船員並非奴隸身分。
撞角（Rostrum）
安裝於船頭的武器（衝角）。以船身撞擊敵船，在其船底撞出洞。

羅馬最大的港口：奧斯提亞港

「奧斯提亞港」位於連接羅馬與海洋的台伯河河口。在帝政時期，無法負荷龐大的運輸量，克勞狄一世於北側2km處建造了人工港口。後來圖拉真大帝（→P48）又下令建造了內港等設施，加以擴建完善。

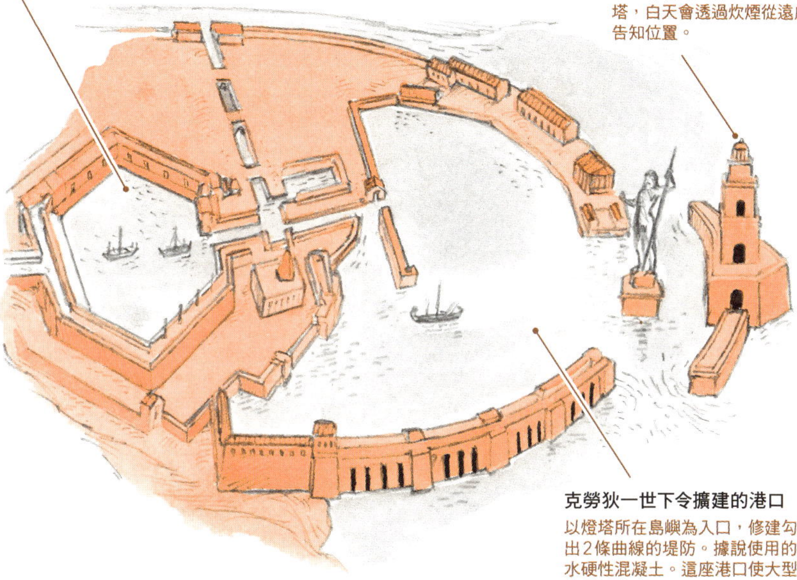
圖拉真港
圖拉真大帝於西元106年下令建造的六角形內港。透過運河與台伯河相連。將貨物從大型船轉載至小型船上並運至羅馬。
燈塔
面向第勒尼安海的港口入口處有座島嶼，佇立著一座燈塔。據說是相當巨大的燈塔，白天會透過炊煙從遠處告知位置。
克勞狄一世下令擴建的港口
以燈塔所在島嶼為入口，修建勾勒出2條曲線的堤防。據說使用的是水硬性混凝土。這座港口使大型船隻得以進出。

羅馬海軍的船：槳帆船

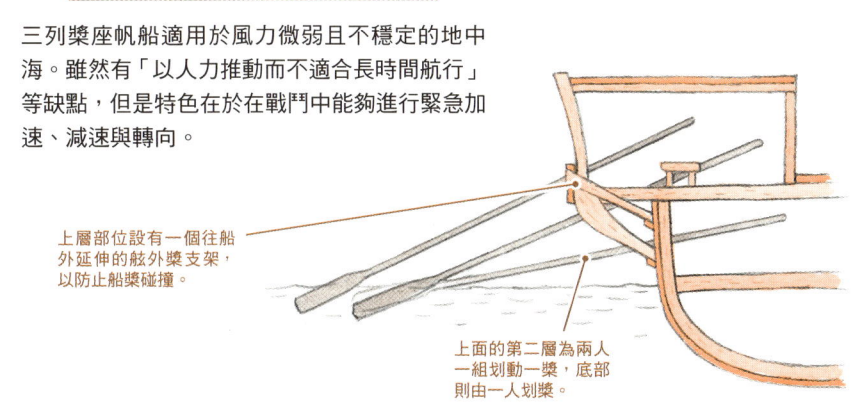

三列槳座帆船適用於風力微弱且不穩定的地中海。雖然有「以人力推動而不適合長時間航行」等缺點，但是特色在於在戰鬥中能夠進行緊急加速、減速與轉向。

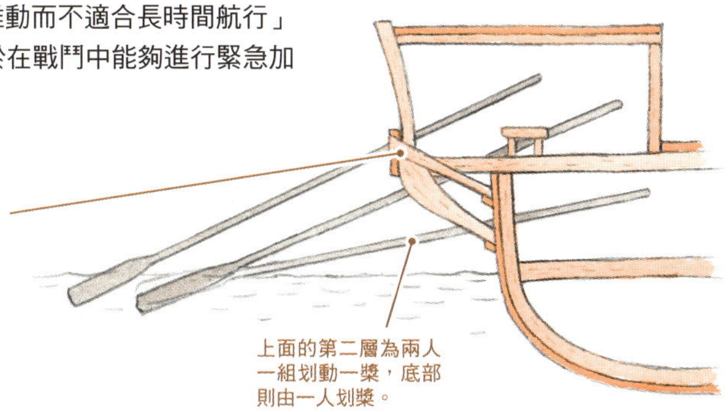
上層部位設有一個往船外延伸的舷外槳支架，以防止船槳碰撞。
上面的第二層為兩人一組划動一槳，底部則由一人划槳。

古 攻城兵器

毫不留情地破壞都市

羅馬很少在器物上進行技術革新，一般認為走在時代最前端的武器與船隻等來自希臘，羅馬則是積極採納並加以改良。

攻城兵器是在敵人閉城不出時，用來破壞城門與城牆抑或進行圍城的武器。這項武器很晚才出現在以野戰為主的羅馬戰爭中，並融合了馬其頓（昔日橫掃地中海的國家）的技術。

眾所周知，凱撒遠征高盧（↓P74）時便使用了攻城兵器。被凱撒逼入絕境的高盧軍實行焦土戰術，切斷了羅馬的補給路線，並閉城不出。敵我雙方皆在此以弩與投石機展開交火。投石機後來被用於猶太戰爭（↓P76）中的耶路撒冷之圍等，在帝政時代則部署於哈德良長城（↓P65）等處。

讓攻城戰術奏效的建設能力

建設能力是支持羅馬擴張版圖的後盾。街道與駐軍地的建設等，在戰爭中會成為後勤部（兵站，補給糧食與軍需品）之要地。這些技術在攻城戰中也會發揮作用。在凱撒的高盧之戰中曾有過幾場攻城戰。在阿瓦利肯之戰中，僅用了25天便一口氣建造出以護城河與瞭望樓構成的封鎖線、攻城塔等。

破城槌（衝車）
用以破壞城門或城牆的兵器。以動物皮覆蓋表面整體，以避免敵方攻擊。
槌子末端呈羊狀，因而又稱作「Battering ram」。

可就地組裝的兵器

羅馬軍的兵器是從其他國家引進的。擅長製造東西的羅馬人進行了各種改良。弩砲有大、小型之分，大型弩砲是由騾子拖曳，可以拆解後運送，再於現場組裝。

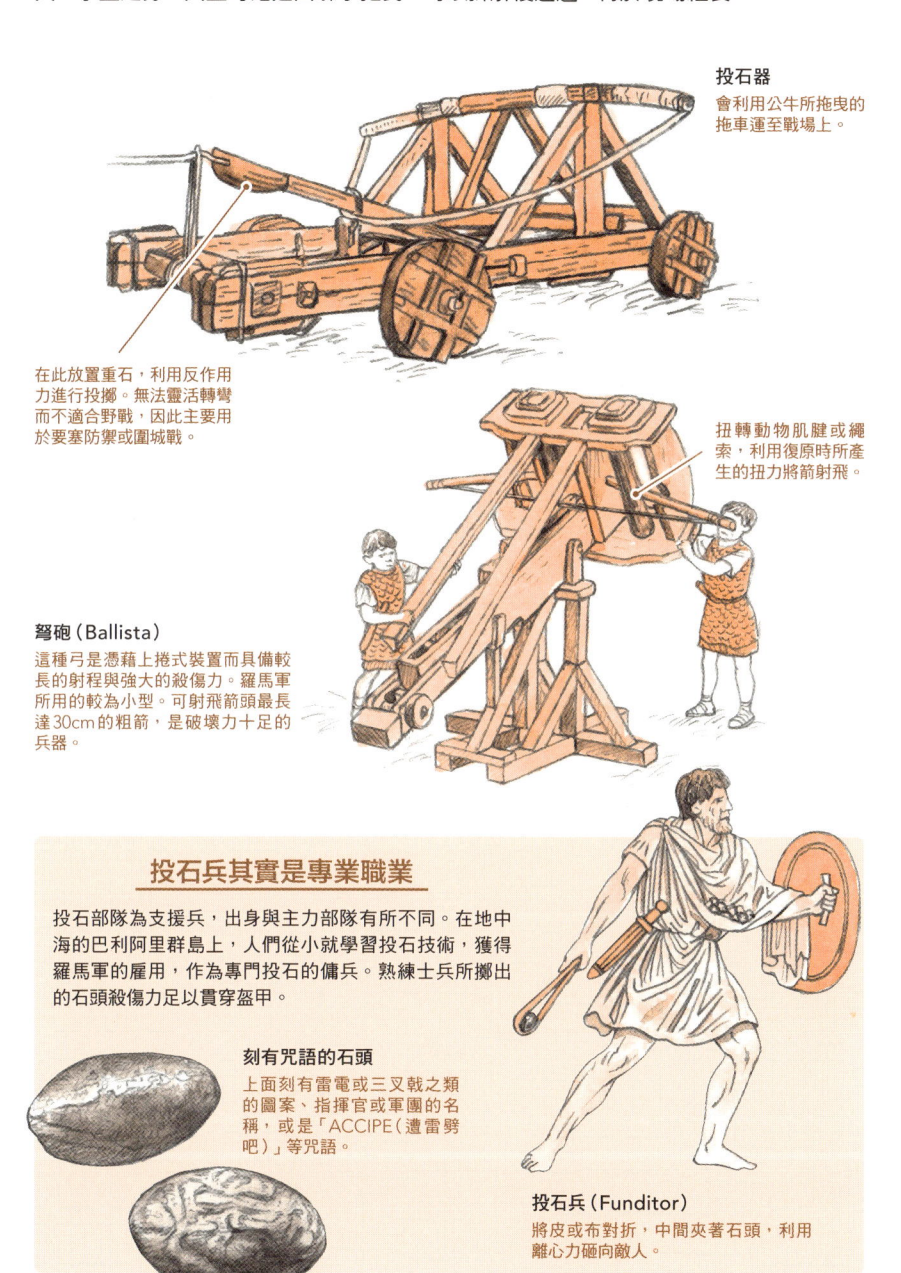

投石器

會利用公牛所拖曳的拖車運至戰場上。

在此放置重石，利用反作用力進行投擲。無法靈活轉彎而不適合野戰，因此主要用於要塞防禦或圍城戰。

扭轉動物肌腱或繩索，利用復原時所產生的扭力將箭射飛。

弩砲（Ballista）

這種弓是憑藉上捲式裝置而具備較長的射程與強大的殺傷力。羅馬軍所用的較為小型。可射飛箭頭最長達30cm的粗箭，是破壞力十足的兵器。

投石兵其實是專業職業

投石部隊為支援兵，出身與主力部隊有所不同。在地中海的巴利阿里群島上，人們從小就學習投石技術，獲得羅馬軍的雇用，作為專門投石的傭兵。熟練士兵所擲出的石頭殺傷力足以貫穿盔甲。

刻有咒語的石頭

上面刻有雷電或三叉戟之類的圖案、指揮官或軍團的名稱，或是「ACCIPE（遭雷劈吧）」等咒語。

投石兵（Funditor）

將皮或布對折，中間夾著石頭，利用離心力砸向敵人。

要塞與城牆

作為戰鬥據點而建，並非為了防禦性戰爭

羅馬的史蹟中有許多堡壘與城牆，然而這些並非作為防禦據點而建。堡壘是作為運送軍隊的街道上的中繼點而建，城牆則是用來管制出入境，實際上並無護城河等守城設施，僅能抵禦突襲，主要著重於移動與往來。

自奧古斯都大帝（→P44）統治以來便不曾建造都市的城牆，在在訴說著羅馬的擴張與繁榮盛況。自古以來的城牆則因不再需要防禦性戰爭而全數留在原地。此一方針一直延續至帝國後期對異民族改採防禦對策為止。

另一方面，在攻城戰中，會建立起滴水不漏的嚴密封鎖線。還會層層部署設計多樣的路障，連援軍都無法靠近。可說是攻擊型的要塞。

凱撒的阿萊西亞封鎖戰

凱撒遠征高盧的阿萊西亞之戰（→P74）是古羅馬規模最大的一場包圍戰。封鎖戰是包圍敵方陣營、架起重重障礙物並建立瞭望樓加以監視的一套系統。

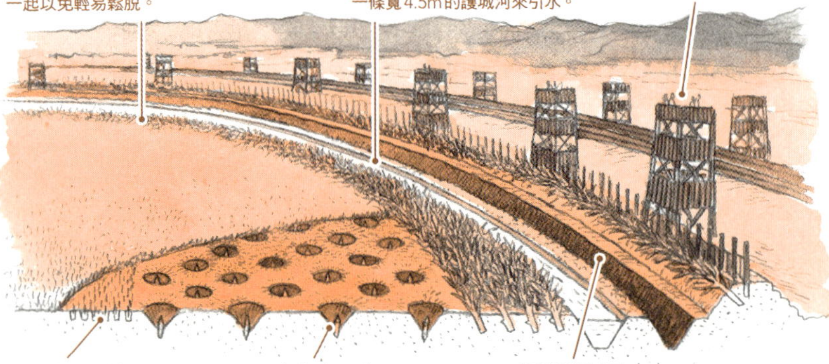

邊界樁
嵌入5排末端削尖的木樁。互相綁在一起以免輕易鬆脫。
第2道護城河
於第1道護城河後方120m處修築一條寬4.5m的護城河來引水。
瞭望樓
每隔24m建一座，用以監視封鎖線並加以防禦。
木樁（驅牛棒）
每隔一小段間距就會打入木樁。
百合（Lilium）
埋了削尖木頭的陷阱。利用樹枝與草皮等加以遮掩。
第3道護城河
與第2道護城河一樣寬4.5m。未引水，後面建有土壘與防禦柵欄。高3.6m，途中設有逆茂木（末端削尖的木棍）。

哈德良長城

西元122年，為了抵禦凱爾特人的入侵而於不列顛尼亞島上建造了長城，長約120km，用來管理通行並展示帝國威嚴。

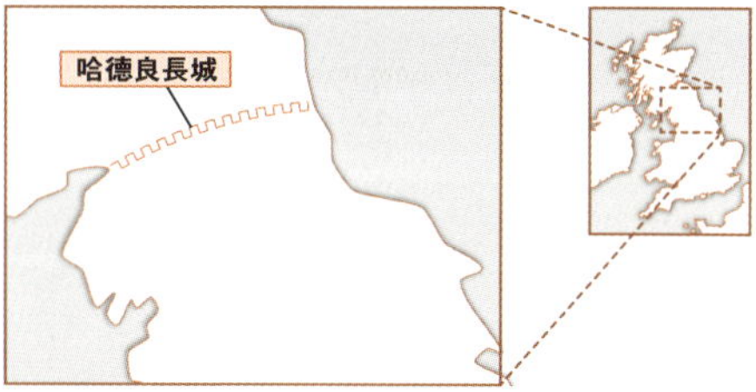

城牆

高4.5m。最初是以石頭堆砌至一半，剩餘的則改以泥土與草皮固定而成。

兵營

有8名士兵駐防。整座長城部署了10,000人。

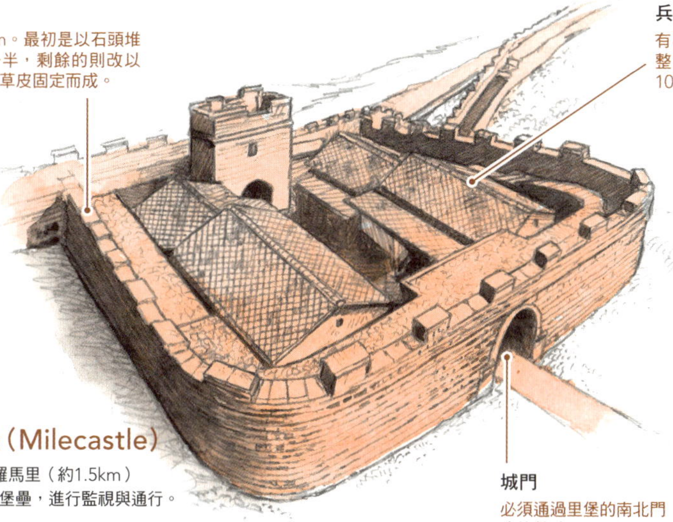

里堡（Milecastle）

每隔1羅馬里（約1.5km）建一座堡壘，進行監視與通行。

城門

必須通過里堡的南北門才能越境。

奧勒良城牆

之所以在實際上毫無防備的帝都羅馬建造城牆，是為了抵禦始於西元270年的異民族侵略。直到19世紀為止，這道城牆都被視為羅馬的邊界。

阿庇亞道

以早在奧勒良城牆建成之前就已經立於內側的塞爾維烏斯城牆為起點開始鋪設。

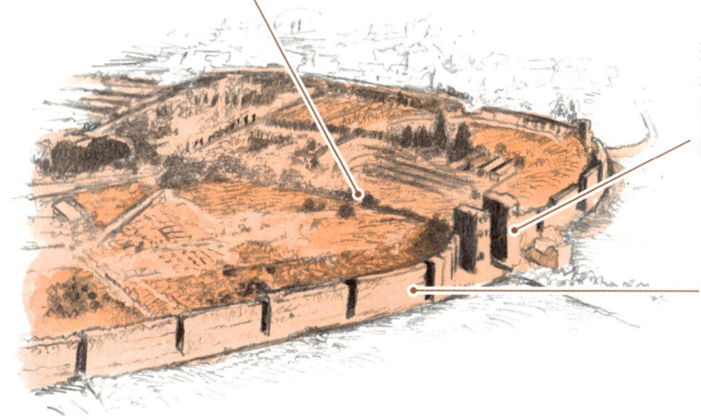

聖塞巴斯弟盎門

城牆上的城門中規模最大的。以附近的教堂來命名，是用以通過阿庇亞道的城門，因此又稱作「阿庇亞門」。

羅馬混凝土

壽命長達50至100年，耐用度顛覆了對現代混凝土的認知。還有研究結果顯示，這種混凝土竟會隨著時間推移愈來愈堅固。

第1次布匿戰爭

成為創建羅馬艦隊的契機

在羅馬共和國幾乎統一義大利半島的那個時期，富裕的海洋國家迦太基掌控著地中海霸權。他們是一群從腓尼基（今黎巴嫩）移民過來的人們，在北非乃至伊比利亞半島的地中海沿岸坐擁多個據點。因此憑藉著海洋貿易發展起來，並擁有強大的艦隊。

西元前264年，西西里島的紛爭引發羅馬與迦太基之間的對決。戰役多為海戰，不過羅馬本來就沒有海軍，是在開戰3年後才建造出第一支大艦隊。然而，最終獲勝的卻是羅馬。羅馬之所以能在不熟練的海戰中得勝，是透過一種名為「接舷吊橋」的登船舷梯，將海戰轉為步兵戰。

羅馬在持續20多年的布匿戰爭中勝出後，正式建立了海軍，並手握地中海的霸權。

軍港
於名為Cothon的內港中建造了一座圓形的圓頂狀人工島，據說可停泊多達200艘船。

海洋國家迦太基

迦太基是腓尼基人的殖民都市，建於現今北非突尼西亞的北部。布匿戰爭的命名源於羅馬人都稱呼腓尼基人為「布匿人」。

布匿戰爭始於西西里島的爭奪戰

統治著西西里島墨西拿的盧卡尼亞人傭兵部隊入侵了敘拉古，此為布匿戰爭的開端。敘拉古自立為帝的希倫向羅馬與迦太基兩國求援，結果不知不覺間導致羅馬與迦太基為了爭奪西西里島而開戰，並演變成布匿戰爭。

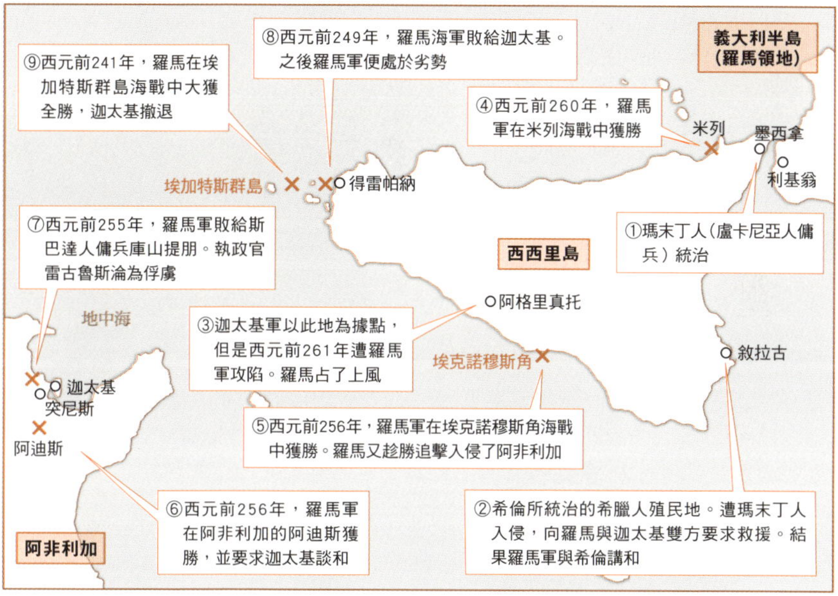

⑨西元前241年，羅馬在埃加特斯群島海戰中大獲全勝，迦太基撤退
⑧西元前249年，羅馬海軍敗給迦太基。之後羅馬軍便處於劣勢
義大利半島（羅馬領地）
④西元前260年，羅馬軍在米列海戰中獲勝
米列
墨西拿
利基翁
埃加特斯群島
得雷帕納
①瑪末丁人（盧卡尼亞人傭兵）統治
⑦西元前255年，羅馬軍敗給斯巴達人傭兵庫山提朋。執政官雷古魯斯淪為俘虜
西西里島
阿格里真托
地中海
③迦太基軍以此地為據點，但是西元前261年遭羅馬軍攻陷。羅馬占了上風
埃克諾穆斯角
敘拉古
迦太基
突尼斯
阿迪斯
⑤西元前256年，羅馬軍在埃克諾穆斯角海戰中獲勝。羅馬又趁勝追擊入侵了阿非利加
⑥西元前256年，羅馬軍在阿非利加的阿迪斯獲勝，並要求迦太基談和
②希倫所統治的希臘人殖民地。遭瑪末丁人入侵，向羅馬與迦太基雙方要求救援。結果羅馬軍與希倫講和
阿非利加

羅馬海軍的誕生

羅馬因為布匿戰爭而開始以迦太基的船隻為藍本來整建艦隊，創設了羅馬海軍。

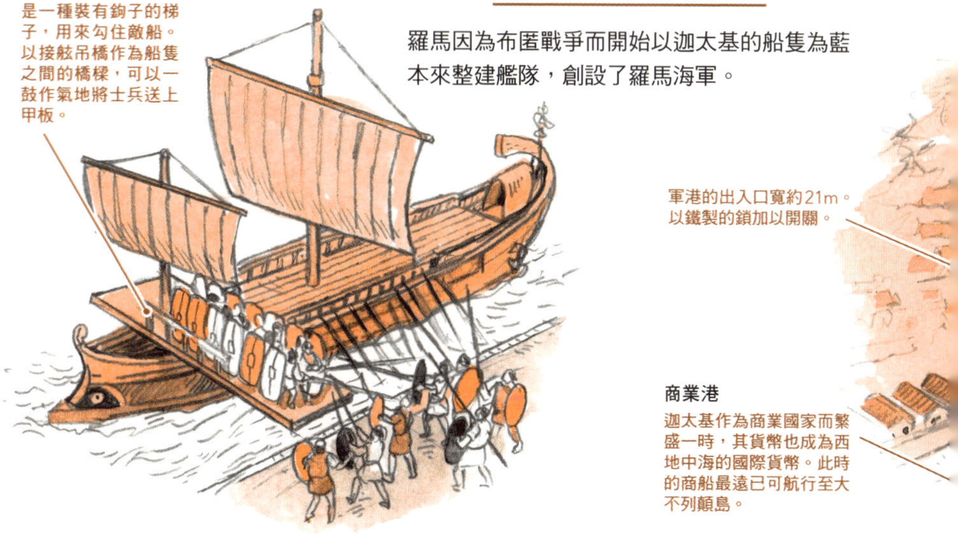

接舷吊橋
是一種裝有鉤子的梯子，用來勾住敵船。以接舷吊橋作為船隻之間的橋樑，可以一鼓作氣地將士兵送上甲板。
軍港的出入口寬約21m。以鐵製的鎖加以開關。
商業港
迦太基作為商業國家而繁盛一時，其貨幣也成為西地中海的國際貨幣。此時的商船最遠已可航行至大不列顛島。

第2次布匿戰爭

與漢尼拔所率領的戰象一決勝負

第1次布匿戰爭後，敗給羅馬的迦太基誓言向羅馬復仇，登陸伊比利亞半島並建立了據點新迦太基。

西元前218年，迦太基的將軍漢尼拔攻陷了伊比利亞半島上的薩貢托。羅馬憂心迦太基會繼續擴張，要求交出漢尼拔卻遭拒。羅馬對迦太基宣戰，開啟第2次布匿戰爭。

漢尼拔開始朝著羅馬進軍，但是羅馬軍控制了海路，迦太基海軍則因為上一場敗仗而被迫解散。於是漢尼拔決定不走海路，而是翻越聳立於北部的陡峭阿爾卑斯山，前往義大利。漢尼拔軍成功翻越了阿爾卑斯山。這場前所未聞的襲擊令羅馬軍驚詫而潰不成軍。

薩貢托陷落引爆了戰爭

迦太基與羅馬曾經約定不入侵伊比利亞厄波羅河以北。漢尼拔發動襲擊且在轉眼間就攻陷的薩貢托雖位於厄波羅河以南，卻是羅馬的同盟都市。羅馬以此為由宣戰，開啟第2次布匿戰爭。

漢尼拔的奇策：翻越阿爾卑斯山

迦太基因為第1次布匿戰爭落敗而被迫解散了海軍，因此陸戰成了唯一選擇。為此，漢尼拔考慮翻越可說是天險的阿爾卑斯山，從義大利北部進攻，趁羅馬軍不備。

阿爾卑斯山

環繞著義大利半島連綿不絕，是歐洲最大的山脈。最高峰白朗峰以標高約4,800m著稱。

戰象

迦太基將非洲森林象運用於戰爭。據說非洲森林象的體型較小，因此除了馭者外，只能承載約兩名士兵。這些戰象在翻越阿爾卑斯山時幾乎死傷殆盡。

漢尼拔

迦太基的將軍。透過激情的演說激勵盟友，並在多場戰役中贏得勝利。據說他在布匿戰爭中曾不收贖金就釋放所俘虜的羅馬盟軍士兵，藉此拉攏對方。

翻越阿爾卑斯山

渡過隆河的迦太基軍決定在入冬前翻越阿爾卑斯山。其路線不詳，不過據說花了15天翻山越嶺抵達杜林。

大西庇阿

羅馬軍的年輕指揮官。在西元前218年的提基努斯河會戰中，首次與漢尼拔所率領的迦太基軍發生衝突，吃了敗仗。大西庇阿也負傷離隊。

羅馬軍潰不成軍！坎尼會戰

坎尼會戰是第2次布匿戰爭中規模最大的一場戰役，羅馬軍投入8萬人，迦太基軍則派出4萬人。

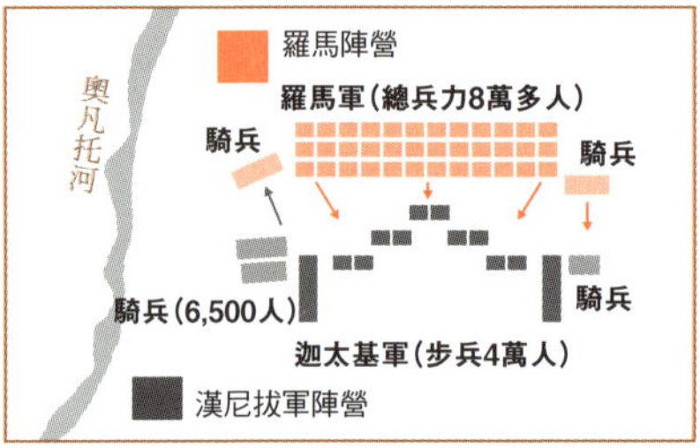

羅馬陣營
羅馬軍（總兵力8萬多人）
奧凡托河
騎兵
騎兵
騎兵（6,500人）
騎兵
迦太基軍（步兵4萬人）
漢尼拔軍陣營

開戰之初，在兩翼騎兵的對戰中，迦太基騎兵攻破了右翼，並直接包抄左翼。另一方面，中央的步兵戰則以羅馬軍較占優勢，採取弓形陣的迦太基軍不得不從中央往後撤。於是漢尼拔讓左右兩側往前進，形成U形陣，從左右包圍羅馬步兵。緊接著又由在騎兵戰中獲勝的迦太基騎兵夾擊羅馬軍後方，殲滅了羅馬軍。後世稱這場戰役為最完美的包圍戰。

西元前216年，漢尼拔於義大利半島南部的坎尼之地發動決戰，並戰勝了羅馬軍。羅馬軍在這場戰役中遭受毀滅性的失敗，死亡人數達5萬人。

其後，漢尼拔為了瓦解羅馬的同盟國不遺餘力，連在第1次布匿戰爭中與羅馬結盟的西西里島東南部的敘拉古也倒戈，投入迦太基陣營。此外，漢尼拔與馬其頓國王結盟，慫恿他攻打羅馬（第1次馬其頓戰爭，→P72）。

然而，當羅馬將局面扭轉為持久戰後，為遠征軍而沒有據點的迦太基便逐漸處於劣勢。在這樣不利的情況下，被派到伊比利亞半島的羅馬將軍大西庇阿攻陷了新迦太基，伊比利亞半島就此落入羅馬手中。

西元前204年，大西庇阿獨立招募士兵並登陸阿非利加。他在各地戰無不勝，於是迦太基將漢尼拔從義大利召回母國。然後在西元前202年10月，兩人於扎馬之地進行了決戰。勝利女神對羅馬微笑，大西庇阿成為救國英雄。迦太基確保了自治權，但必須放棄國外領土並支付巨額賠款。

因為阿基米德的發明而陷入苦戰的敘拉古之圍

羅馬軍包圍了倒戈至迦太基陣營的敘拉古。敘拉古是由赫赫有名的科學家阿基米德負責指揮。他已經是70幾歲的老人，卻運用自己發明的兵器讓羅馬軍無法靠近。可能是因為這個緣故，所以敘拉古士兵變得驕矜自傲，任由敵軍入侵，導致連阿基米德也慘遭殺害。

阿基米德的鉤爪

以裝在起重機末端的金屬製鉤爪勾住靠近的敵船並使其傾覆的一種兵器。

阿基米德的熱能光線

據說阿基米德以巨大鏡子並排來匯集並反射陽光，以此燒毀敵船的船帆。除此之外，投石機與弩砲（大型的落地弓）也十分活躍。

札馬戰役

札馬戰役是布匿戰爭的最終戰，始於迦太基軍的戰象突擊，但最後徒勞無功。其後便是步兵之間的決戰，由透過訓練而在配合默契更勝一籌的羅馬軍掌控了主導權。大西庇阿將騎兵部署於迦太基士兵的後方來進行包圍。以宛如重現坎尼會戰般的圍剿方式終結了這場戰役。

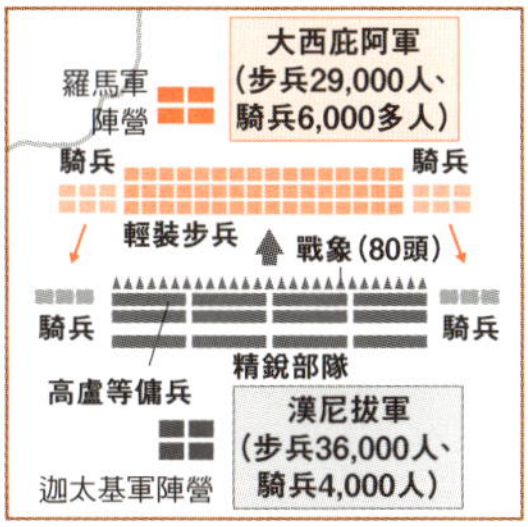
羅馬軍陣營
大西庇阿軍
(步兵29,000人、騎兵6,000多人)
騎兵
騎兵
輕裝步兵
戰象(80頭)
騎兵
騎兵
精銳部隊
高盧等傭兵
漢尼拔軍
(步兵36,000人、騎兵4,000人)
迦太基軍陣營

象道

大西庇阿事先擬定了戰象的因應之策。戰役始於戰象的突擊，不過是由士兵開道讓牠們通過。

戰象

衝鋒的戰象為了掉頭而停下腳步。羅馬兵鎖定這個時機讓戰象幾乎喪失行動能力。

馬其頓戰爭

成為征服希臘化各國的墊腳石

迦太基與馬其頓的同盟

迦太基的漢尼拔與馬其頓的腓力五世結盟。這個聯盟使得他們得以對羅馬進行夾擊，但實際上，馬其頓只是允許迦太基軍進出伊利裡亞，主要目的並非為迦太基提供援軍。

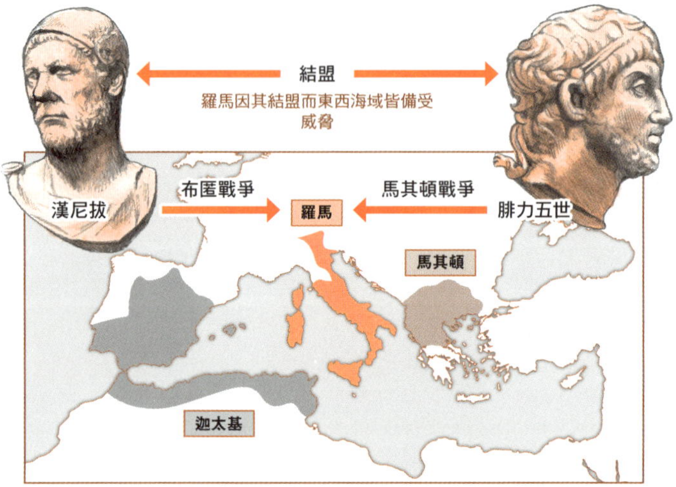

結盟
羅馬因其結盟而東西海域皆備受威脅
布匿戰爭
馬其頓戰爭
漢尼拔
羅馬
腓力五世
馬其頓
迦太基

馬其頓是在亞歷山大大帝時期（西元前336～323年）統治希臘與波斯的大帝國。然而，在大帝逝世後發生繼承人之爭而分裂，昔日的威勢不再。在這樣的情況下，馬其頓開始與羅馬爭奪希臘的霸權。坎尼會戰之後，漢尼拔與馬其頓的腓力五世結盟。這使羅馬受到被迦太基與馬其頓夾擊的威脅，不過僅發生一些小規模的戰役（第1次馬其頓戰爭）。

第2次布匿戰爭獲勝後，羅馬決定對抗馬其頓以排除其勢力。起因是備受馬其頓威脅的雅典與羅德島等請求救援，於是羅馬發動了攻擊，在西元前197年的庫諾斯克法萊戰役中打敗了馬其頓軍（第2次馬其頓戰爭）。根據當時的議和條約，馬其頓的疆界僅止於自己的領土，希臘各個都市實際上皆已納入羅馬的統治之下。

其後馬其頓再次企圖入侵，但羅馬在彼得那戰役中取得決定性的勝利（第3次馬其頓戰爭）。此後，馬其頓淪為行省，羅馬從此得以穩定地統治東地中海。

新舊重裝步兵戰術的激烈衝突

馬其頓繼承了亞歷山大大帝的戰術，持續使用名為長矛密集陣形的戰術。在馬其頓戰爭中，羅馬軍利用標槍攻擊與機動力截斷這種密集陣形，迫使敵方進行肉搏戰。

長矛密集陣形（方陣，Phalanx）

馬其頓等希臘化的各個王國相當擅長的一種陣形。讓手持長矛的重裝步兵密集並排，讓敵人無法接近。

第3次馬其頓戰爭（彼得那戰役）

馬其頓軍的長矛密集陣形在這場戰役中遭摧毀。逃亡的國王也被俘虜，安提柯王朝就此滅亡。其後，遭分割的領土即便發生叛亂也都被一一鎮壓（第4次馬其頓戰爭），馬其頓淪為行省，徹底降伏於羅馬。

第1次馬其頓戰爭的路徑圖

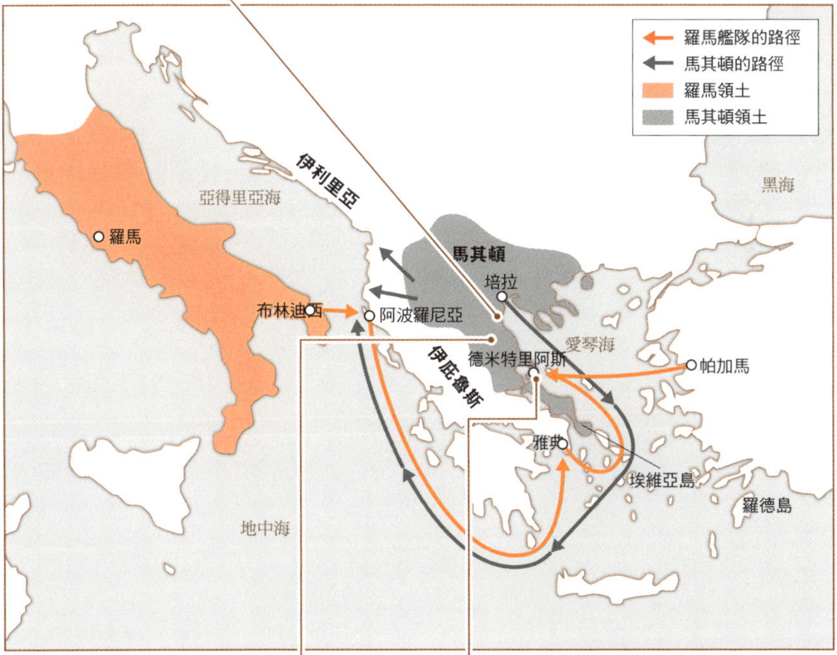
羅馬艦隊的路徑
馬其頓的路徑
羅馬領土
馬其頓領土
伊利里亞
亞得里亞海
羅馬
馬其頓
培拉
布林迪西
阿波羅尼亞
伊庇魯斯
德米特里阿斯
愛琴海
帕加馬
黑海
雅典
埃維亞島
羅德島
地中海

第2次馬其頓戰爭（庫諾斯克法萊戰役）

迦太基敗給了羅馬，於是馬其頓與敘利亞結盟。後來攻擊了雅典，卻演變成與前來救援的羅馬軍展開陸戰，敗給羅馬。馬其頓放棄了國外領土。

第1次馬其頓戰爭

馬其頓以陸海軍進出伊利里亞。羅馬與帕加馬結盟並派出艦隊，攻擊埃維亞島等，但之後並無重大戰役。

凱撒遠征高盧

透過工程兵部隊的迅速部署贏得勝利

遠征高盧為政治家凱撒（↓P18）的偉業之一。高盧相當於現今的法國地區，高盧人的諸多部族生活於此。凱撒被授予軍事指揮權，並於西元前58年出發遠征高盧。在這場戰役中，各部族屢屢叛亂，因此直到西元前51年才平定高盧，歷時8年之久。

其中阿維爾尼族的維欽托利曾挺身對抗凱撒。他提議由所有高盧部族組成統一軍並成為軍隊總司令。此外，他為了截斷羅馬軍的補給而構思出燒毀都市的「焦土戰術」，並在剩餘的都市進行防禦性戰爭。

對此，凱撒利用工程兵設置接城土壘與封鎖設施，包圍高盧軍所在的堡壘。西元前52年，於阿瓦利肯與阿萊西亞將高盧軍逼入絕境，迫使維欽托利投降。

憑藉天才戰術獲勝的阿瓦利肯包圍戰

凱撒在這場戰役中打造了接城土壘。這是一種將阿瓦利肯四周城牆與羅馬陣營連接起來的巨大建築。據說羅馬軍僅用了25天就建成這道堤防。

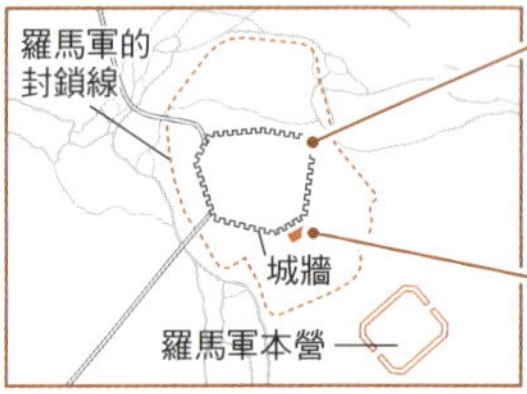

阿瓦利肯

高盧軍透過焦土戰術燒毀羅馬行動範圍內的所有街道，不過阿瓦利肯為天然要塞，因此被排除在外。

接城土壘

如斜坡般往城牆方向延伸且愈來愈高。寬100m、高24m，環繞城牆四周的外護城河也被填平。

攻城櫓

建於接城土壘上的瞭望樓。

破壞工事

高盧軍試圖在接城土壘下方開鑿坑道來加以破壞。走投無路的高盧軍從該處放火後與羅馬軍決一死戰。

耗費8年掌控高盧

高盧人的抵抗十分激烈，臣服後仍會再次發起叛亂等，使這場遠征成為長期抗戰。然而，這場戰役逐漸強化羅馬對凱撒的崇拜。

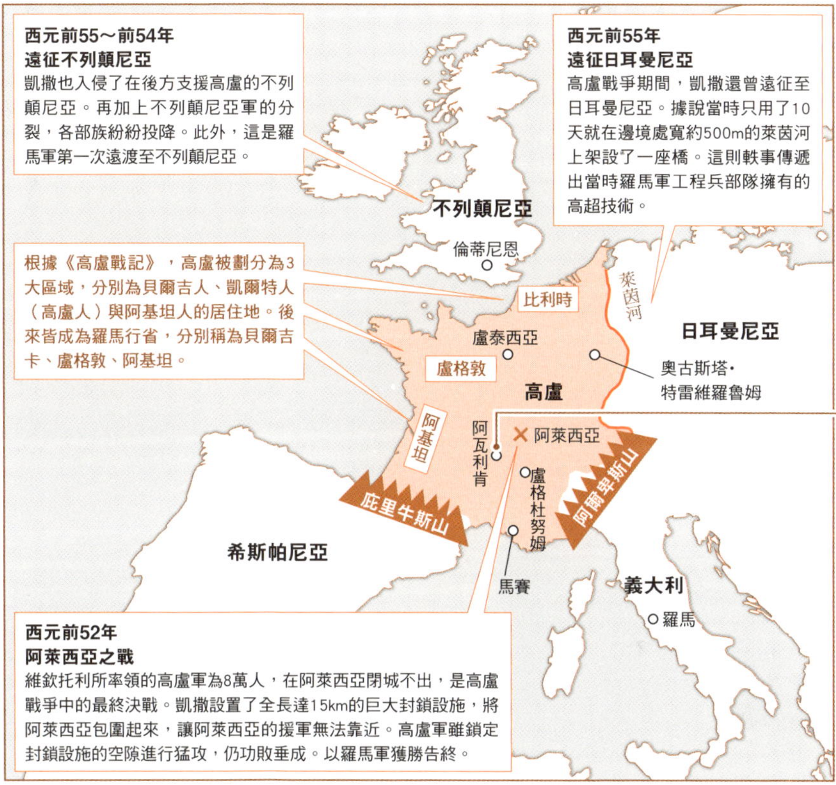
西元前55～前54年
遠征不列顛尼亞
凱撒也入侵了在後方支援高盧的不列顛尼亞。再加上不列顛尼亞軍的分裂，各部族紛紛投降。此外，這是羅馬軍第一次遠渡至不列顛尼亞。
西元前55年
遠征日耳曼尼亞
高盧戰爭期間，凱撒還曾遠征至日耳曼尼亞。據說當時只用了10天就在邊境處寬約500m的萊茵河上架設了一座橋。這則軼事傳遞出當時羅馬軍工程兵部隊擁有的高超技術。
根據《高盧戰記》，高盧被劃分為3大區域，分別為貝爾吉人、凱爾特人（高盧人）與阿基坦人的居住地。後來皆成為羅馬行省，分別稱為貝爾吉卡、盧格敦、阿基坦。
不列顛尼亞
倫蒂尼恩
比利時
萊茵河
日耳曼尼亞
盧泰西亞
奧古斯塔·特雷維羅魯姆
盧格敦
高盧
阿基坦
阿瓦利肯
阿萊西亞
盧格杜努姆
庇里牛斯山
阿爾卑斯山
希斯帕尼亞
馬賽
義大利
羅馬
西元前52年
阿萊西亞之戰
維欽托利所率領的高盧軍為8萬人，在阿萊西亞閉城不出，是高盧戰爭中的最終決戰。凱撒設置了全長達15km的巨大封鎖設施，將阿萊西亞包圍起來，讓阿萊西亞的援軍無法靠近。高盧軍雖鎖定封鎖設施的空隙進行猛攻，仍功敗垂成。以羅馬軍獲勝告終。

維欽托利

相對於同時代的人，凱撒對敵將較為寬容，但是他被毫不留情地處死了。這也說明了他的才能與聲望有多麼令人忌憚。維欽托利被視為法國的第一位英雄。

《高盧戰記》

遠征高盧的始末皆記錄在凱撒親筆撰寫的《高盧戰記》中。《高盧戰記》作為當時知名人物的紀錄而相當珍貴，亦為家喻戶曉的拉丁語名著。一般認為，追根究柢起來遠征高盧是凱撒為了榮譽而發起的，但是《高盧戰記》中所寫的理由卻是「為了拯救高盧人免受日耳曼人的威脅」，將自己發動的戰爭合理化，有人懷疑是凱撒試圖提高好感度的一種政治宣傳。

第1次猶太戰爭

發起「聖戰」的猶太人的叛亂

猶太人居住的巴勒斯坦，從西元6年起成為羅馬的行省。羅馬對行省的文化十分寬容，但是具備選民思想的猶太教實際性質不同而不被理解。此外，許多猶太人對羅馬總督的專橫跋扈心懷不滿。

第1次猶太戰爭肇因於羅馬軍掠奪耶路撒冷聖殿的寶物，猶太人因為聖地遭受毀壞而發起叛亂。羅馬總督試圖逮捕主謀並處死來平息事態，但是反而讓叛亂波及的範圍擴大。於是皇帝尼祿（→P46）於西元66年派出將軍維斯帕先。他在平定撒馬利亞與加利利後，包圍並攻陷了耶路撒冷。聖殿在這場耶路撒冷之圍中也遭受破壞，唯一殘留的西側牆壁如今以「哭牆」之姿成為猶太教的聖地。他之後又攻下藏匿於馬薩達裡的最後一股抵抗勢力，戰爭就此結束。

西元132年，哈德良皇帝（→P48）的統治期間又發生了叛亂（第2次猶太戰爭），耶路撒冷再次遭受破壞。猶太人被禁止進入，並開始離散而居（流散時期）。

巴勒斯坦曾是羅馬帝國的行省

巴勒斯坦於西元前63年被將軍龐培（→P38）納入羅馬的統治之下。西元前40年開始由獲得羅馬承認的國王大希律所統治。在大希律王辭世後發生了內部糾紛，巴勒斯坦徹底成為行省。

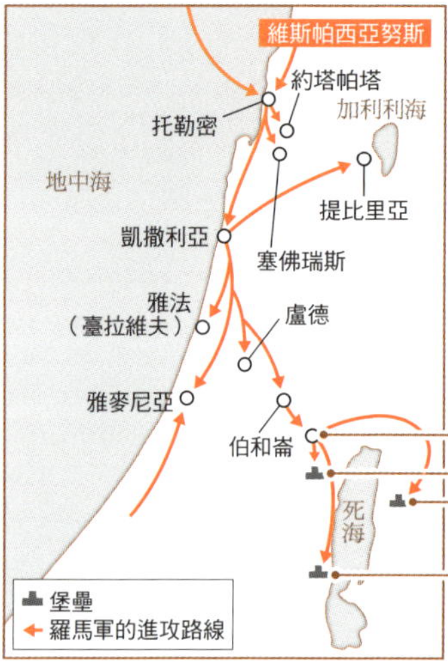

維斯帕西亞努斯
約塔帕塔
托勒密
加利利海
地中海
提比里亞
凱撒利亞
塞佛瑞斯
雅法
（臺拉維夫）
盧德
雅麥尼亞
伯和崙
死海
堡壘
羅馬軍的進攻路線

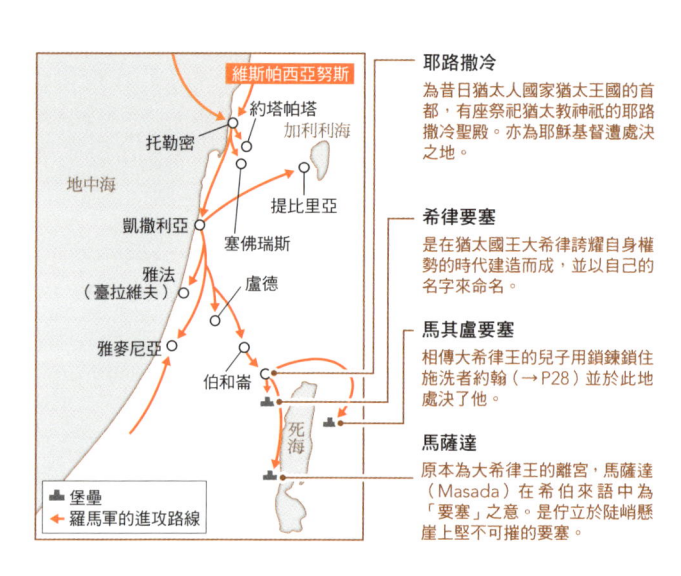

耶路撒冷
為昔日猶太人國家猶太王國的首都，有座祭祀猶太教神祇的耶路撒冷聖殿。亦為耶穌基督遭處決之地。

希律要塞
是在猶太國王大希律誇耀自身權勢的時代建造而成，並以自己的名字來命名。

馬其盧要塞
相傳大希律王的兒子用鎖鍊鎖住施洗者約翰（→P28）並於此地處決了他。

馬薩達
原本為大希律王的離宮，馬薩達（Masada）在希伯來語中為「要塞」之意。是佇立於陡峭懸崖上堅不可摧的要塞。

神殿
祭祀唯一的神耶和華的神殿。一般認為參拜殘存的西側城牆並感嘆神殿遭毀是「哭牆」的根源。
希律之牆
由羅馬帝國公認的猶太國王大希律下令建造。在這場戰爭中被摧毀。
畢士大（新市區）
羅馬軍修築了接城土壘，並從守備較為薄弱的新市區入侵。

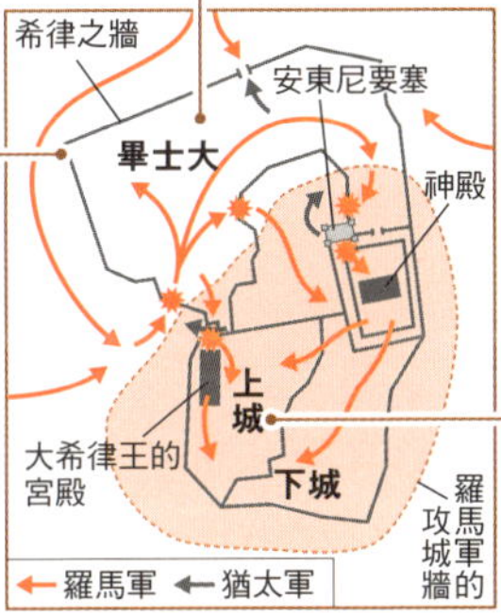
希律之牆
安東尼要塞
畢士大
神殿
上城
大希律王的宮殿
下城
羅馬軍的攻城牆
羅馬軍
猶太軍
上城
西側有大希律王的宮殿。聖殿遭燒毀後，上城便被占領且城裡的人們大多慘遭殺害。

耶路撒冷圍城戰

耶路撒冷的城牆與聖殿遭受破壞，猶太人不是被殺就是被賣作奴隸。猶太戰爭的始末被詳細記錄於當時猶太人指揮官約瑟夫斯所寫的《猶太戰史》中。

最終決戰馬薩達圍城戰

被猶太軍所占領的馬薩達是一個天然要塞。因此，羅馬軍於山腰上修築了攻城用道路。有960名走投無路的戰士及其家人，在猶太領袖以利亞撒的勸誘下集體自殺。

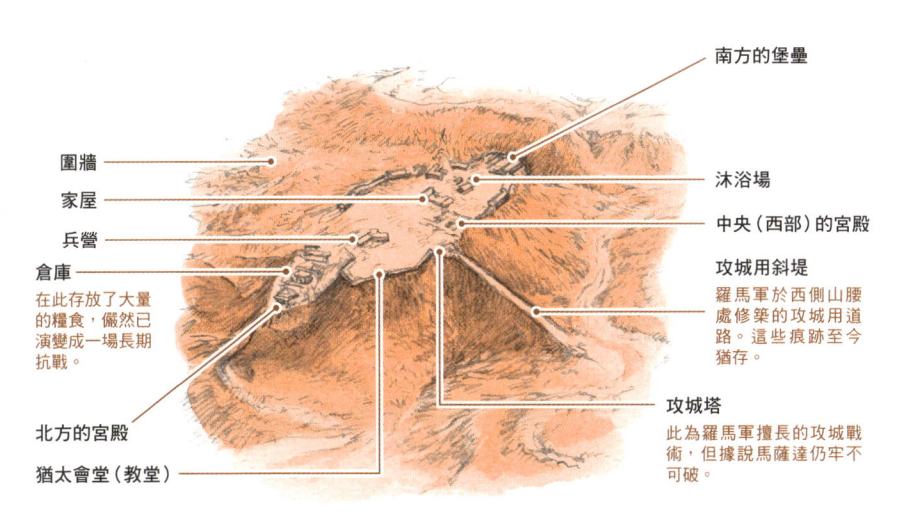

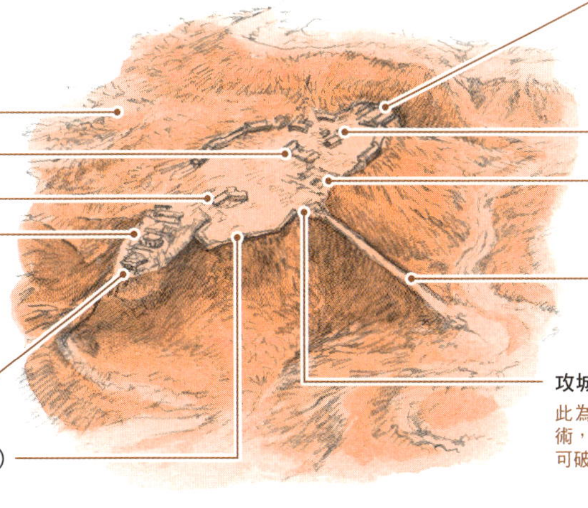
南方的堡壘
圍牆
沐浴場
家屋
中央（西部）的宮殿
兵營
倉庫
在此存放了大量的糧食，儼然已演變成一場長期抗戰。
攻城用斜堤
羅馬軍於西側山腰處修築的攻城用道路。這些痕跡至今猶存。
攻城塔
此為羅馬軍擅長的攻城戰術，但據說馬薩達仍牢不可破。
北方的宮殿
猶太會堂（教堂）

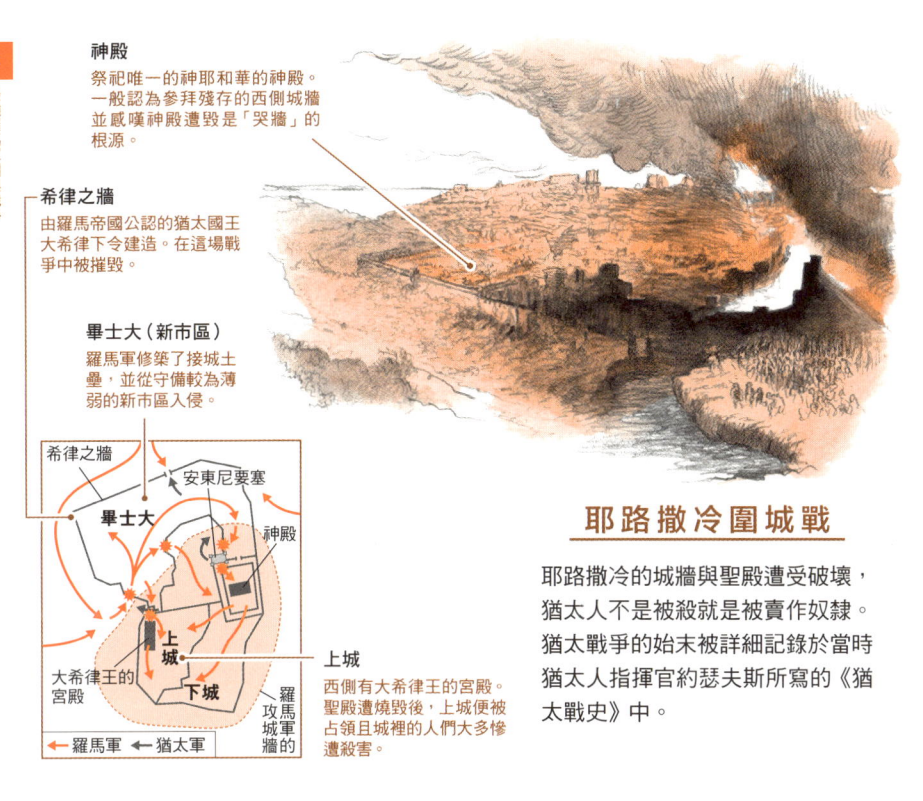

COLUMN 3

將羅馬帝國逼入絕境

日耳曼人的入侵

日耳曼人的入侵為西羅馬帝國衰亡的原因之一。西元370年左右，中亞遊牧民族匈人往西側遷徙加劇其入侵。這促使日耳曼人的各個部族入侵不列顛尼亞、伊比利亞與北非等羅馬帝國的領域，並創建一個個新的國家。更有甚者，在匈人君主阿提拉所率領的騎兵部隊的威脅下，日耳曼民族的遷徙日益加劇。

其中西哥德的首領亞拉里克一世原本也是作為羅馬軍的一員參戰，付出巨大犧牲卻沒有得到足夠的賞賜，故而背叛羅馬成為敵對關係。西元410年，入侵義大利的亞拉里克在羅馬劫掠了3天。當時的羅馬帝國首都為拉溫納，此次入侵卻震撼了整個帝國。

此後的西元455年，汪達爾族的蓋薩里克王再次上演了「日耳曼人洗劫羅馬」。這次為期2週，不但掠奪財寶，還搗毀了無數建築等文化財。如今「Vandalism」一詞便是從這個事件衍生出來的，意指野蠻的破壞與掠奪行為。

匈人君主阿提拉

匈人是亞洲血統的遊牧民族，但其出身尚未釐清。在阿提拉王統治期間迎來全盛時期。

阿提拉所率領的騎兵部隊憑藉著馬上拉弓射箭的高度機動性，威脅著羅馬人與日耳曼人。

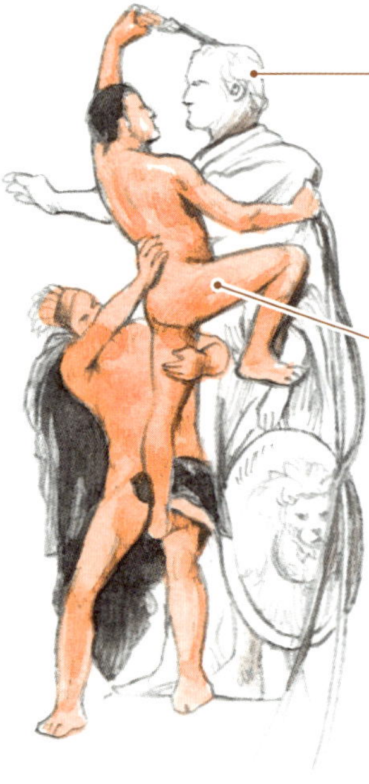

將繩索套在羅馬皇帝的雕像上。

西哥德的首領亞拉里克一世

昔日曾在羅馬帝國服役，但因為報酬問題而叛離。攻打並破壞羅馬。

第 4 章

古羅馬的建築與土木工程技術

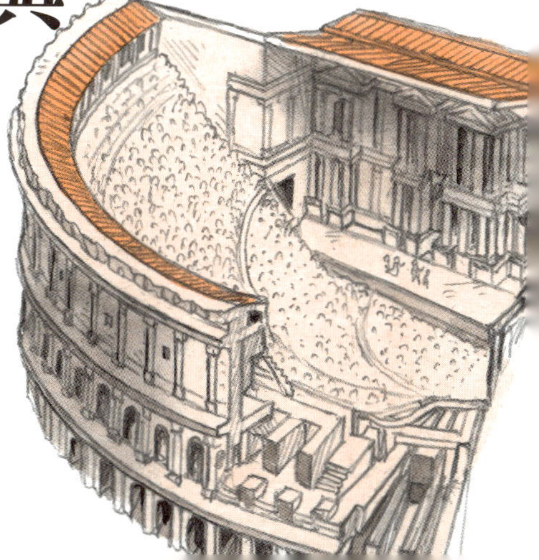

圓形競技場

展開一場場殊死戰

圓形競技場可說是羅馬帝國最具代表性的建築。中央有個廣大的體育場，周圍為觀眾席所環繞。體育場上會由角鬥士上演一場場殊死戰，令市民為之瘋狂。其中一座最古老的圓形競技場是西元前80年左右建於龐貝城（→P149）。此後，各地紛紛建造相同的建築。

其中較為著名的應該是保留於羅馬市內的羅馬競技場。羅馬競技場是歷經維斯帕先與提圖斯兩任皇帝之手，於西元70～80年期間建造而成。外牆最高部分達52m，可容納5萬5千人。連裝飾方面的每個部分都有能工巧匠參與，其宏偉程度宛若體現了羅馬帝國的榮耀。使用的主要素材為利用火山灰製成的混凝土，雖然在幾次大地震中倒塌，仍將當時的高超建築技術傳遞至今。

遺留於各地的巨大圓形競技場

古羅馬人開始愛上競技場上的表演活動，並陸續建造以羅馬競技場為原型的圓形競技場。不僅限於亞爾與維羅納等歐洲城市，連突尼西亞與利比亞等非洲各地都保留著宏偉的圓形競技場遺跡。

已登錄為世界遺產，至今仍用於舉辦鬥牛等活動。

亞爾圓形競技場

保留於法國南部亞爾的圓形競技場。建於1世紀後半葉，可容納2萬人。當時為3層樓的建築。

埃爾傑姆圓形競技場

突尼西亞的埃爾傑姆曾作為羅馬帝國的行省而繁盛一時。至今猶存的圓形競技場以北非最大競技場而聞名。其規模之龐大，甚至曾當作要塞來使用，不過保存狀態十分良好。

觀眾席

寬達148m，可容納3萬5千名觀眾。

體育場

中央的體育場面積長65m、寬39m，地板上撒滿沙子。地下通道裡仍保留著等待出場的野生動物與角鬥士的房間。

在競技場上奮戰的角鬥士

角鬥士們會在圓形競技場上展開一場場殊死搏鬥。他們大多是在戰爭中被捕的俘虜、罪犯或奴隸等，近年有人認為應該也有女性角鬥士。其中有些人是自願成為角鬥士，為了名譽與賞金而戰。

角鬥士

會在培訓所進行嚴格的訓練。戰鬥會一直持續到一方倒下才分出勝負，敗者須乞求活命。有時會與猛獸搏鬥。

觀眾

不僅是觀看角鬥士的比賽，還有權力決定要饒他們一命還是處決他們。

裁判

負責比賽的裁判，在看出幾乎分出勝負時，會向觀眾詢問如何處置角鬥士。

敗者

戰死或被逼到無法再戰為止，即判為敗者。如果還活著，生死會交由觀眾判斷。

最具代表性的圓形競技場：羅馬競技場

羅馬競技場至今仍為羅馬屈指可數的觀光設施，是可以參觀內部的景點。外徑為188×156m，體育場的部分呈86×54m的橢圓形。地下有用來抓捕猛獸等的牢籠等。羅馬競技場的外觀有巨大缺損，是地震受損後作為採石場來運用留下的痕跡。

地下設施

如今地面已塌陷，地下設施清晰可見。昔日此處設有猛獸的牢籠等。還有將猛獸往上拉至地面的捲升機械等多達80個裝備。

羅馬競技場內部

中央的體育場部分因為地板塌陷而讓地下設施裸露出來。

入口

有多達80個入口。皇帝專用的入口還加了四駕馬車的裝飾。

圓柱

從第一層開始分別施以多利克柱式、愛奧尼亞柱式與科林斯柱式等多樣的圓柱裝飾。

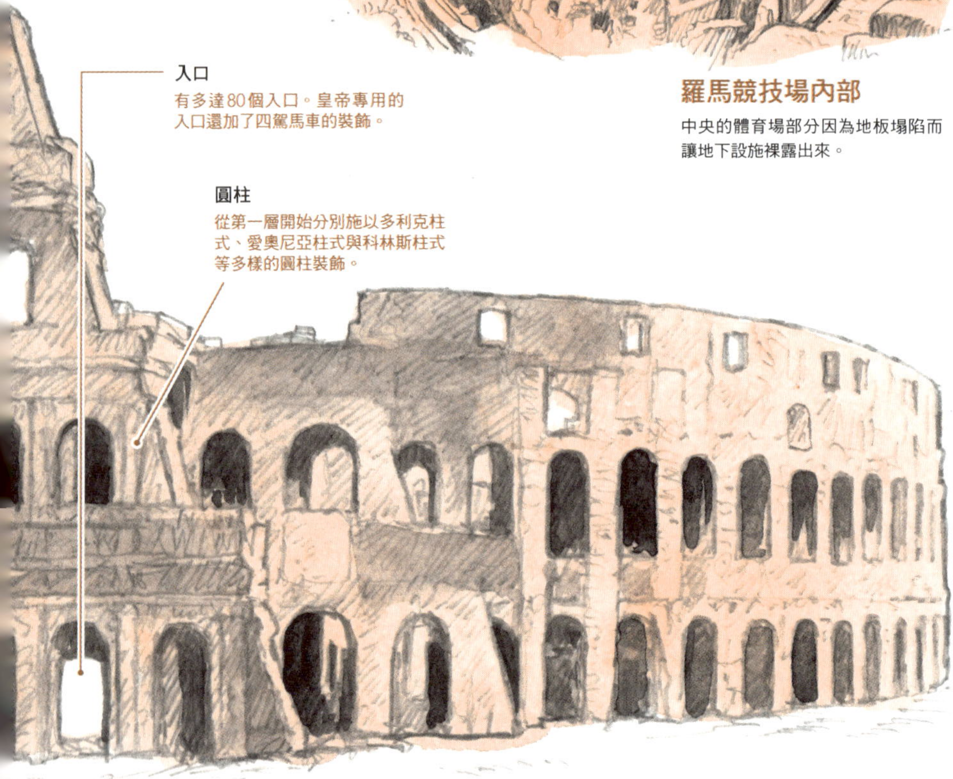

遮陽的帳篷

羅馬競技場的頂部備有遮陽用的帳篷。直徑約200m，還設有240根竿子來支撐帳篷。

出入口

座位號碼與門票相對應，因此可以順暢地移動。

大理石觀眾席

1樓設有元老院議員的座位，這裡也鋪設了大理石而構造豪華。頂層則有女性或身分較低的人們所坐的木製座位。

元老院議員的座位

拱頂

壁面上可見的拱門有一定深度，相連成隧道狀。這樣的建築構造即稱為拱頂。

剖面圖

羅馬競技場的剖面圖。是由以混凝土製成的天花板與以名為石灰華的石灰岩砌成的牆壁支撐起巨大的構造。整體為4層樓構造，底層為混凝土，表面則利用大理石加以覆蓋。

裝飾用的雕刻

據信拱門部分原本有以眾神或英雄為圖案的雕刻加以裝飾。

科林斯柱式的圓柱

古希臘所用的建築樣式，細柱上有24條凹槽。是從愛奧尼亞柱式衍生出來的，柱頭的裝飾更為複雜。

愛奧尼亞柱式的圓柱

古希臘的建築樣式。柱頭上有螺旋形的裝飾，柱上有24條凹槽。

多利克柱式的圓柱

古希臘的建築樣式。歷史比科林斯柱式與愛奧尼亞柱式更為悠久，也比上述兩種圓柱還要粗且圓。

競技場上的奮戰令市民熱血沸騰

體育場上除了角鬥士之間的戰鬥外，還會舉辦各種主題的活動。比如在體育場上注滿水進行模擬海戰、猛獸與角鬥士之間的搏鬥，偶爾還會用來處決罪犯或迫害基督徒。

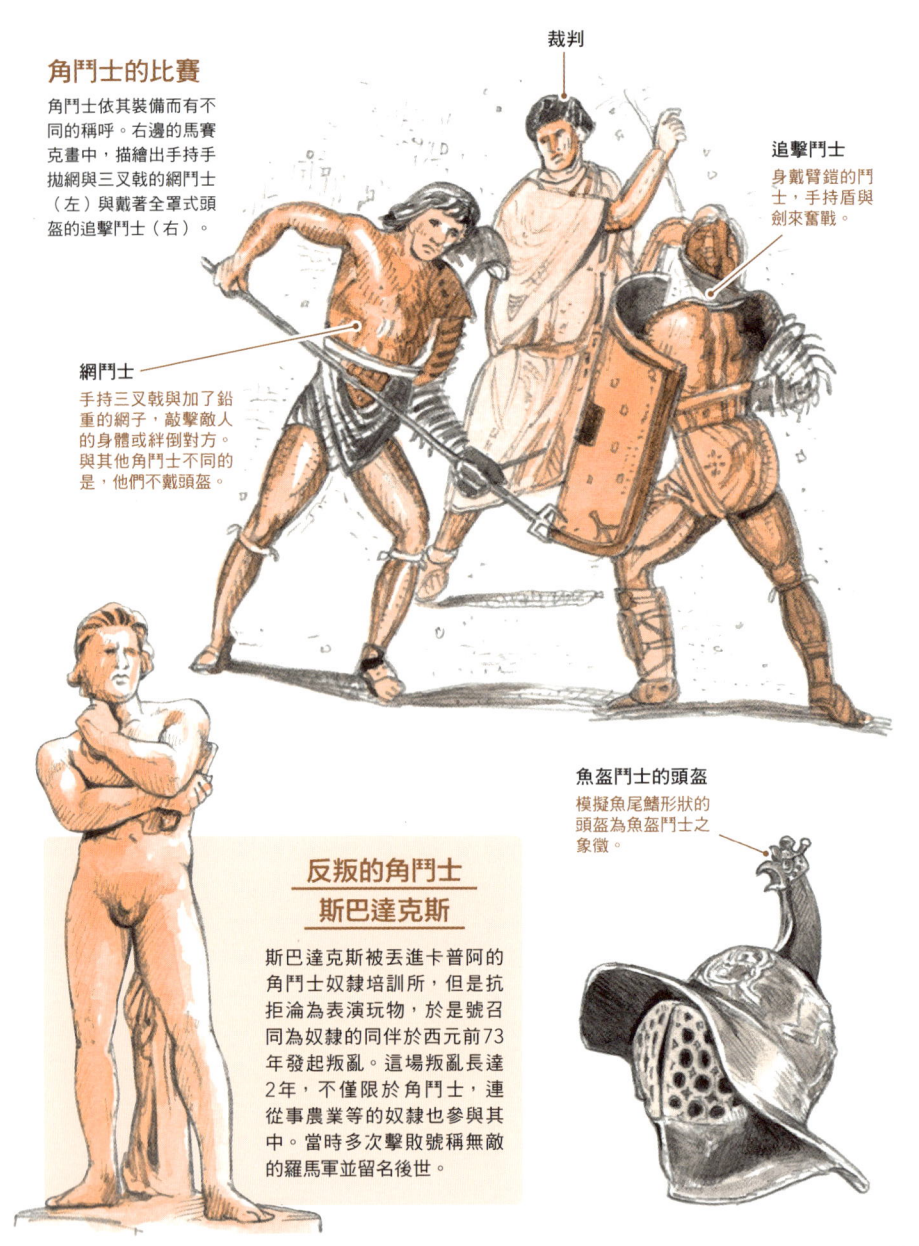

角鬥士的比賽

角鬥士依其裝備而有不同的稱呼。右邊的馬賽克畫中，描繪出手持手拋網與三叉戟的網鬥士（左）與戴著全罩式頭盔的追擊鬥士（右）。

裁判
追擊鬥士
身戴臂鎧的鬥士，手持盾與劍來奮戰。
網鬥士
手持三叉戟與加了鉛重的網子，敲擊敵人的身體或絆倒對方。與其他角鬥士不同的是，他們不戴頭盔。

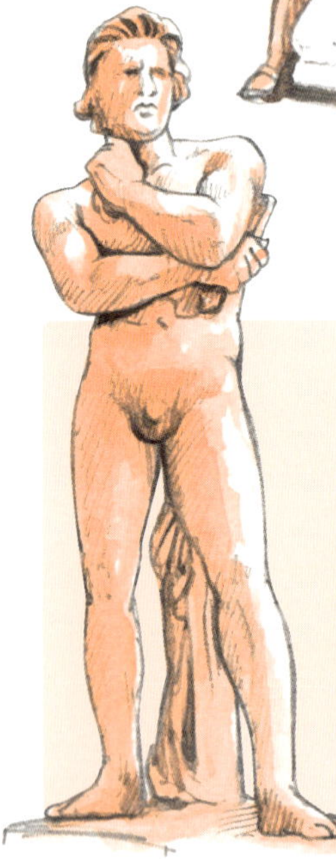

反叛的角鬥士 斯巴達克斯

斯巴達克斯被丟進卡普阿的角鬥士奴隸培訓所，但是抗拒淪為表演玩物，於是號召同為奴隸的同伴於西元前73年發起叛亂。這場叛亂長達2年，不僅限於角鬥士，連從事農業等的奴隸也參與其中。當時多次擊敗號稱無敵的羅馬軍並留名後世。

魚盔鬥士的頭盔
模擬魚尾鰭形狀的頭盔為魚盔鬥士之象徵。

模擬海戰

在體育場中注滿水，打造出人工湖，讓船隻實際漂浮其上來進行模擬海戰。有些是如角鬥士的戰鬥般一直打到一方落敗為止，有些則是重現過去的知名海戰。

皇帝

第一任皇帝奧古斯都（→P44）等多位羅馬皇帝都曾在競技場或人工湖等處重現自己打贏的勝仗或歷代的知名戰役等。

角鬥士

角鬥士多為重刑犯或奴隸，大多在這類娛樂活動中喪命。

人工湖

能夠讓競技場注滿足以讓船隻漂浮其上的水，也是多虧了羅馬卓越的水道技術。

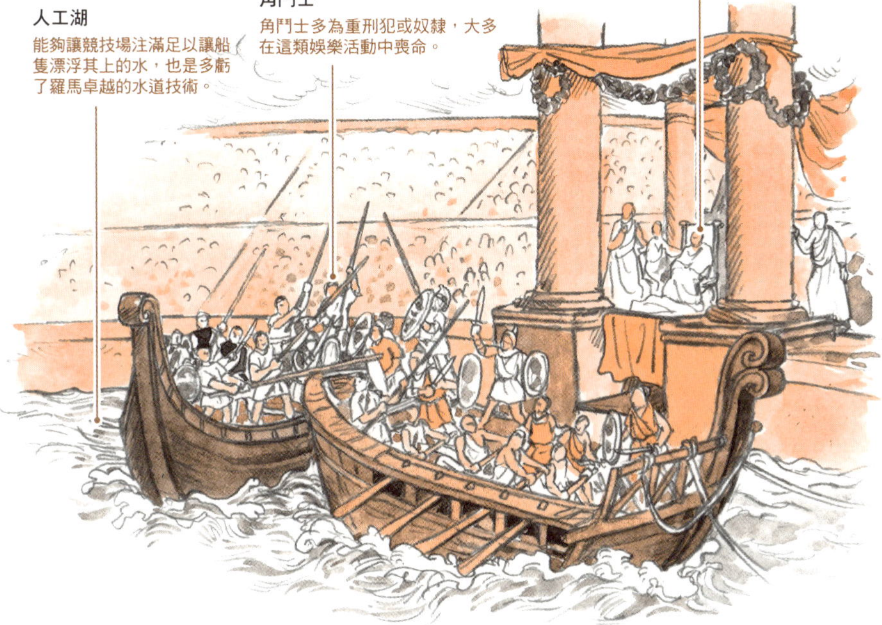

狩獵猛獸

讓獵捕來的獅子或老虎等猛獸與角鬥士對戰。不僅限於這些與角鬥士的搏鬥，有時還會公開處刑讓猛獸咬死罪犯。

猛獸

第一任皇帝奧古斯都在位的時代，包括其它娛樂活動在內，殺害的猛獸竟有3,500頭之多。

武器僅一支長矛

這幅馬賽克畫描繪的是正在狩獵猛獸中奮戰的角鬥士。角鬥士在大多情況下，必須只用一支長矛與猛獸搏鬥。

大競賽場

激烈的戰車競賽廣受好評

與角鬥士的搏鬥同樣令羅馬人如癡如醉的便是使用由馬牽引戰車的戰車競賽。其歷史十分悠久，西元前6世紀便已於羅馬市內建造了馬克西穆斯競技場（大型競賽場）。

其後，凱撒、奧古斯都、圖拉真、君士坦提烏斯二世幾位皇帝都曾加以翻修與重建，到了圖拉真時代，全長600m、平均寬200m的巨大競賽場於焉而生。據說估計可容納30萬人，這個數字相當於3分之1的羅馬市民。

石砌的中央分隔帶被稱為Spina，此處除了紀念碑與雕像等裝飾外，還設有7隻海豚的雕像與7座可移動的卵型裝置等，用以計算戰車的圈數。

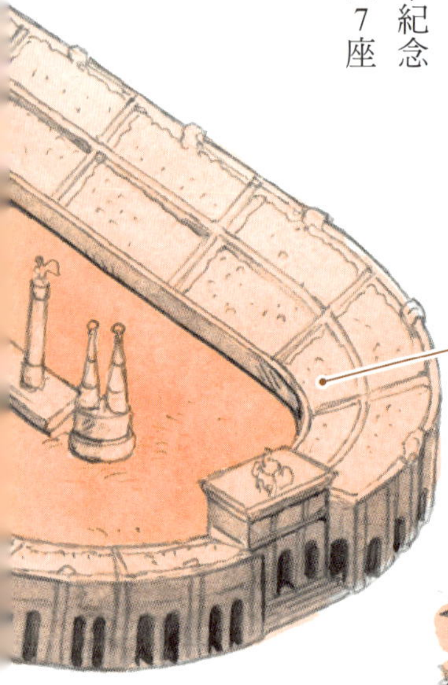
當時的建築物遭掠奪拆成建材使用，如今僅存一部分，作為廣場使用。

宮殿遺跡
馬克西穆斯競技場的運動場

從現在的競賽場遺跡望過去所看到的宮殿

備有一條特殊路線，好讓皇帝可以從宮殿直接進入競賽場。

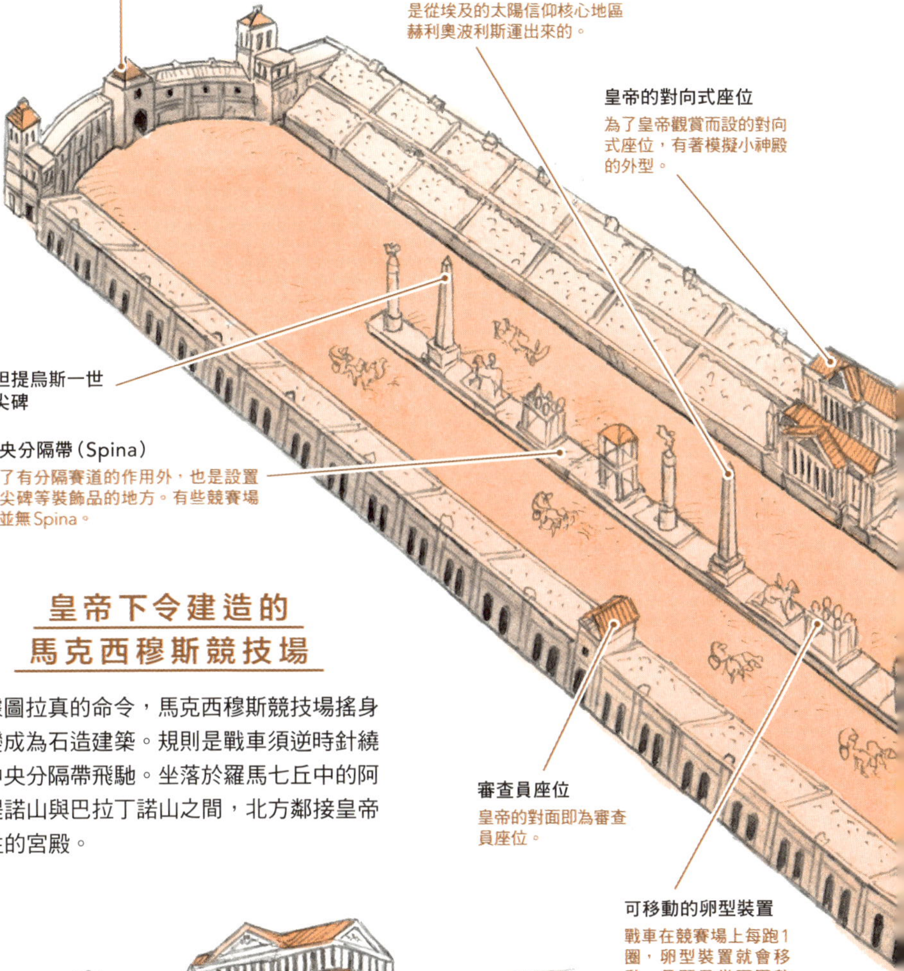
起跑地點
閘門加了彈簧裝置，戰車會隨著喇叭信號響起同時飛奔而出。
奧古斯都的方尖碑
是從埃及的太陽信仰核心地區赫利奧波利斯運出來的。
皇帝的對向式座位
為了皇帝觀賞而設的對向式座位，有著模擬小神殿的外型。
君士坦提烏斯一世的方尖碑
中央分隔帶（Spina）
除了有分隔賽道的作用外，也是設置方尖碑等裝飾品的地方。有些競賽場上並無Spina。
審查員座位
皇帝的對面即為審查員座位。
可移動的卵型裝置
戰車在競賽場上每跑1圈，卵型裝置就會移動，是顯示當下圈數的構造。

皇帝下令建造的馬克西穆斯競技場

根據圖拉真的命令，馬克西穆斯競技場搖身一變成為石造建築。規則是戰車須逆時針繞著中央分隔帶飛馳。坐落於羅馬七丘中的阿文提諾山與巴拉丁諾山之間，北方鄰接皇帝居住的宮殿。

競賽場的樣貌

在馬克西穆斯競技場上，最多可容納12輛戰車奔馳。據說戰車之間的碰撞意外在賽場上是家常便飯。

激烈的古代戰車競賽

駕馭戰車的騎手分屬於白、紅、藍、綠4個隊伍競爭對抗，如現今的賽車般，會由訓練師、教練與蹄鐵匠等組成團隊出賽。勝者會獲得獎賞、金冠與飾品，觀戰的人們也會興致勃勃地紛紛下注賭哪一隊會贏。

騎手

戴著頭盔的人即為騎手。大部分的騎手都是奴隸出身，社會地位低下。

四馬戰車

四匹馬齊頭並立的馬車稱作Quadriga（四馬戰車）。偶爾也會舉辦兩匹馬或八匹馬牽引的競賽。四馬戰車較不穩定，是相當危險的車輛，但是在競賽上的使用頻率高。

戰車競賽的馬賽克畫

這是在3世紀羅馬所描繪的馬賽克畫。中央兩匹馬繫在戰車上，兩側兩匹馬則僅以韁繩繫住。韁繩會纏繞在腰上來使用，因此一旦發生意外，騎手必須用刀子割斷韁繩並從戰車上跳下來。

浮雕上所描繪的競技場景

4世紀的浮雕，描繪出狂熱的人們與展開激烈對抗的騎手。戰車競賽不僅限於羅馬市內，各地行省也會舉辦類似競賽。

活動身體揮灑汗水的古羅馬人

除了戰車競賽外，羅馬人也熱愛勞動身體的運動競賽。這是因為他們認為運動是維持健康不可或缺的。因此，連公眾浴場裡都設有運動場，不僅能觀戰，還可親自參加比賽揮灑汗水。

理想的肉體之美

希臘人經過極致鍛鍊的肉體之美是羅馬人的理想。這件雕刻製作於西元前100年左右，是以希臘的雕刻為原型。僅頭部為羅馬人的肖像，由此可見羅馬人對希臘人有多麼憧憬。

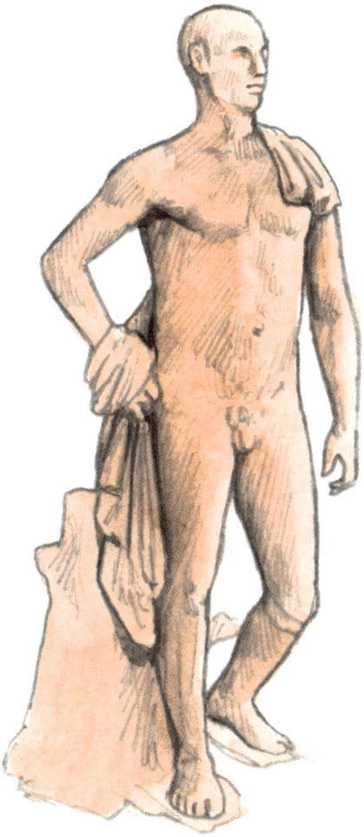

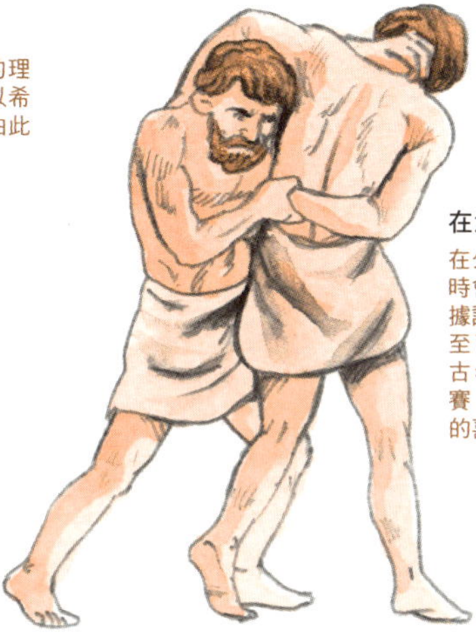

在浴場裡摔跤

在公眾浴場泡湯前，有時會透過摔跤來出汗。據說摔跤的起源可追溯至西元前5000年。在古希臘是很熱門的競賽，當時也深受羅馬人的喜愛。

拳擊的馬賽克畫

3世紀左右的馬賽克畫。拳擊是相當受歡迎的運動，也成為當時體育賽事的比賽項目。然而，到了4世紀左右，這項運動因為太殘忍而逐漸受到禁止，隨著西羅馬帝國滅亡而不再舉辦。

運用於運動競賽的圖密善競技場

這座競技場是於圖密善皇帝統治期間的西元86年完工，長邊長達275m。皇帝本人也很熱中於運動競賽，因此主要用來舉辦競速或擲標槍等比賽。

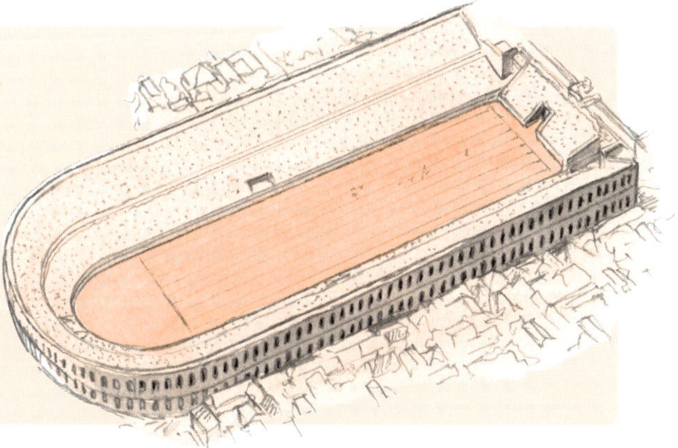

劇場

備受市民喜愛的大眾娛樂場所

古

羅馬人在各方面都受到古希臘人的影響。戲劇便是其中之一。羅馬帝國幅員遼闊，但大部分都市裡都有劇場，享受戲劇這種大眾娛樂的人不在少數。

另一方面，希臘人與羅馬人在喜好上有所不同，前者偏愛以古希臘悲劇為代表、有故事性的戲劇，後者則相對較偏好Mimus（模仿劇或默劇）之類可輕鬆歡笑或樂在其中的表演。

然而，到了共和制末期，羅馬市內已經沒有常設的劇場，頂多只有每次演出才架設的臨時劇場。這是因為元老院的保守派將戲劇視為低俗的文化。在這樣的背景下，一般認為奧古斯都大帝於西元前13年所完成的馬切羅劇場，是羅馬市內現存最古老的劇場之一。

讓舞台大放異彩的演員們

劇場曾是庶民休閒的好去處。戲劇中也含括了粗俗或社會諷刺之作，有時甚至受到國家的管制。另一方面，據說在劇場觀劇是免費的，各個階級的人們皆可入場。

受歡迎的演員

演員大多為解放奴隸或外國人。社會身分低微，但是受歡迎的演員會有很多粉絲。

面具

演員登台演出時，會戴著這種眼睛與嘴巴挖空的面具。

歷史輝煌的馬切羅劇場

奧古斯都為了緬懷已逝姪子馬切羅而建，為其名稱之由來。整座建築為白色石灰華所覆蓋，而混凝土隔絕了噪音，因此在觀眾席上演員的聲音格外清晰。即便是歷經2,000多年後的今日，仍有一部分被用作住宅，由此亦可窺見當時的建築技術有多麼高超。

容納人數

劇場高32m、直徑130m，約可容納1萬人。

歷史比羅馬競技場還要悠久

馬切羅劇場建於西元前13年。歷史竟比羅馬競技場還要悠久，街道在周邊延展開來，亦有其他劇場與神殿。

3層樓的半月型建築

為3層樓的建築，特色在於呈半月型。一般作為劇場來使用，據說也會用於集會等。進入中世以後，則用作貴族的要塞等。

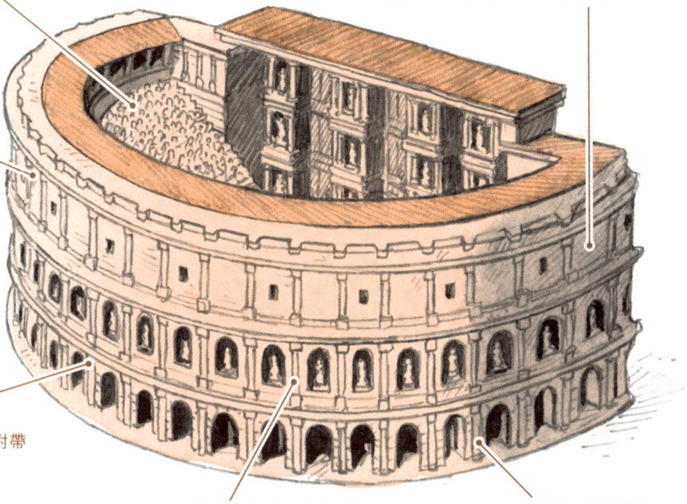

拱門與圓柱

側面有41道拱門，還附帶加以裝飾的圓柱。

愛奧尼亞柱式的圓柱

多利克柱式的圓柱

舞台的剖面圖

觀眾席呈傾斜狀，座位愈前排，可入座的人社會地位愈高。

舞台

舞台形狀為長方形。舞台側邊也有圓柱與雕刻加以裝飾。

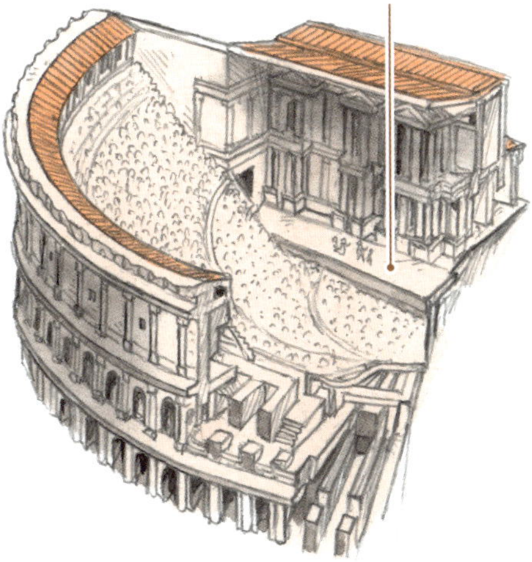

提升羅馬喜劇水準的泰倫提烏斯

泰倫提烏斯是活躍於西元前2世紀的喜劇作家。他其實是北非出身，在羅馬為奴隸身分，然其卓越的文才引起主人的注意，從而得以接受高等教育。最終被賦予主人的名字，並恢復自由之身。泰倫提烏斯成為作家，留下了《安德羅斯女子》、《婆母》、《自我折磨的人》、《閹奴》、《福爾彌昂》、《兩兄弟》等6部作品。其中較著名的名言便是「我是人，對與人有關之事無法無動於衷」。

水道橋

豐富都市的卓越建築技術

羅馬人在日常生活中需要大量的水，公眾浴場便是一個代表性的例子。最初是利用羅馬近郊的台伯河為水源，但是隨著人口的增加，缺水問題日益嚴峻。於是建造了用以從遠處運水的水道。自西元前312年架設阿皮亞水道以來，便陸續於各地建造水道。

羅馬人有時會在山谷間架設巨大的水道橋。其中最著名的應該是位於法國尼姆的嘉德水道橋。這座有著連續美麗石造拱門的水道橋，儼然成為羅馬帝國榮耀的證明。

然而，上水道十分完善，汙水處理方面卻敷衍了事。廁所等處用過的汙水都直接經由汙水管流入台伯河中。一般認為傳染病是由此擴散，導致當時的羅馬市民死亡率上升。

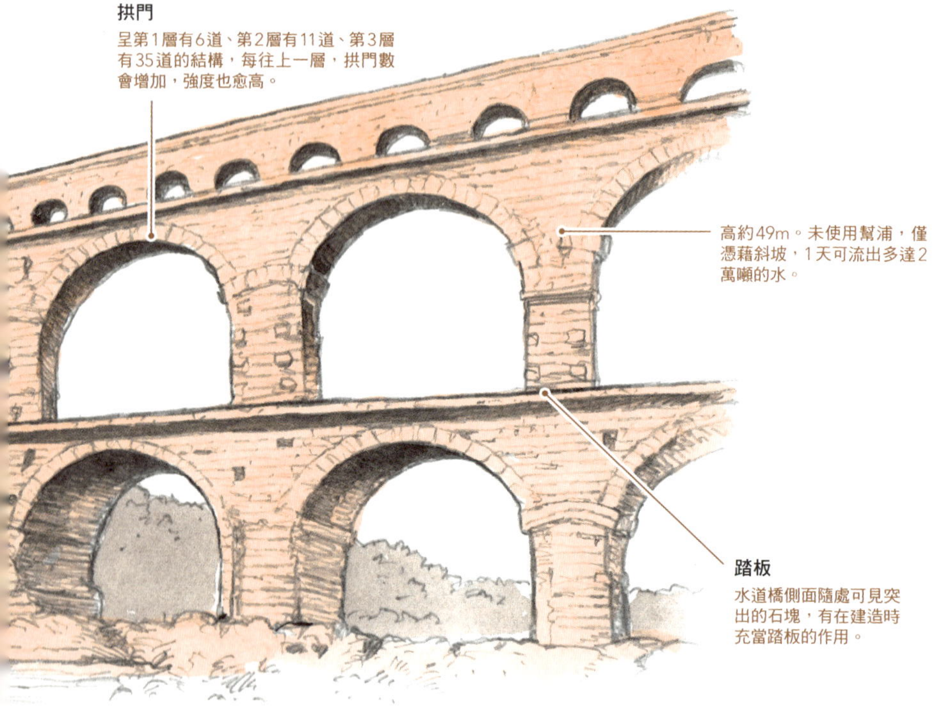
拱門
呈第1層有6道、第2層有11道、第3層有35道的結構，每往上一層，拱門數會增加，強度也愈高。
高約49m。未使用幫浦，僅憑藉斜坡，1天可流出多達2萬噸的水。
踏板
水道橋側面隨處可見突出的石塊，有在建造時充當踏板的作用。

水道橋的結構

要將水從源頭輸送至都市，必須確保坡度，使水始終從高處往低處流動。嘉德水道橋的情況則是維持每km微幅傾斜34cm的坡度。大部分的水會通過地下的水道，水道底部則以混凝土做好防水加工。

水源
檢修用的豎井
水道橋
配水槽
用來將水分配至都市各處的儲水槽。
都市
沉澱池
為了讓石子等雜質沉澱而準備的淨化槽。
水渠
利用了「虹吸原理」打造，在無法維持高低差的情況下，仍可從低處汲起水。

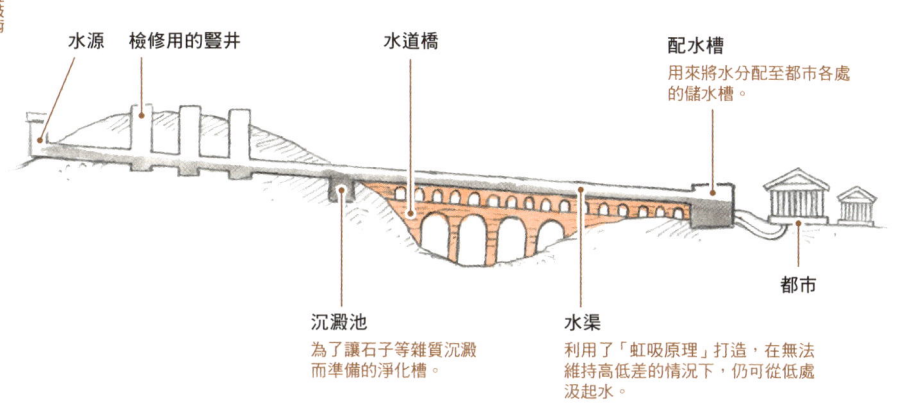

將水輸送至尼姆的嘉德水道橋

奧古斯都大帝的心腹阿格里帕所建造的水道橋。眾所周知，架在加爾河上的這座橋是羅馬水道中最著名的建築。橋的全長為269m，水道整體長度則長達52km，僅用了5年即完工。從水源於澤斯將水輸送至當時羅馬帝國的殖民地尼姆。

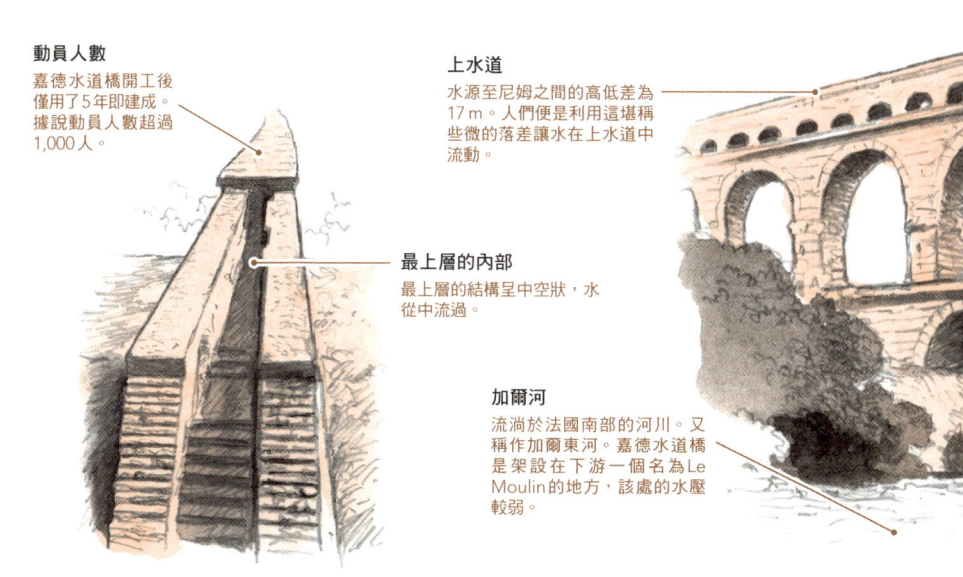

動員人數
嘉德水道橋開工後僅用了5年即建成。據說動員人數超過1,000人。
最上層的內部
最上層的結構呈中空狀，水從中流過。

上水道
水源至尼姆之間的高低差為17m。人們便是利用這堪稱些微的落差讓水在上水道中流動。
加爾河
流淌於法國南部的河川。又稱作加爾東河。嘉德水道橋是架設在下游一個名為Le Moulin的地方，該處的水壓較弱。

水道橋是如何建造而成？

建造水道橋需要漫長歲月與無數專業工匠的努力。即便是打造一座拱門，也需要能夠承受水流的堅實地基。還要運用木製的人力起重機，將石塊堆砌於高處，再用混凝土加以補強。

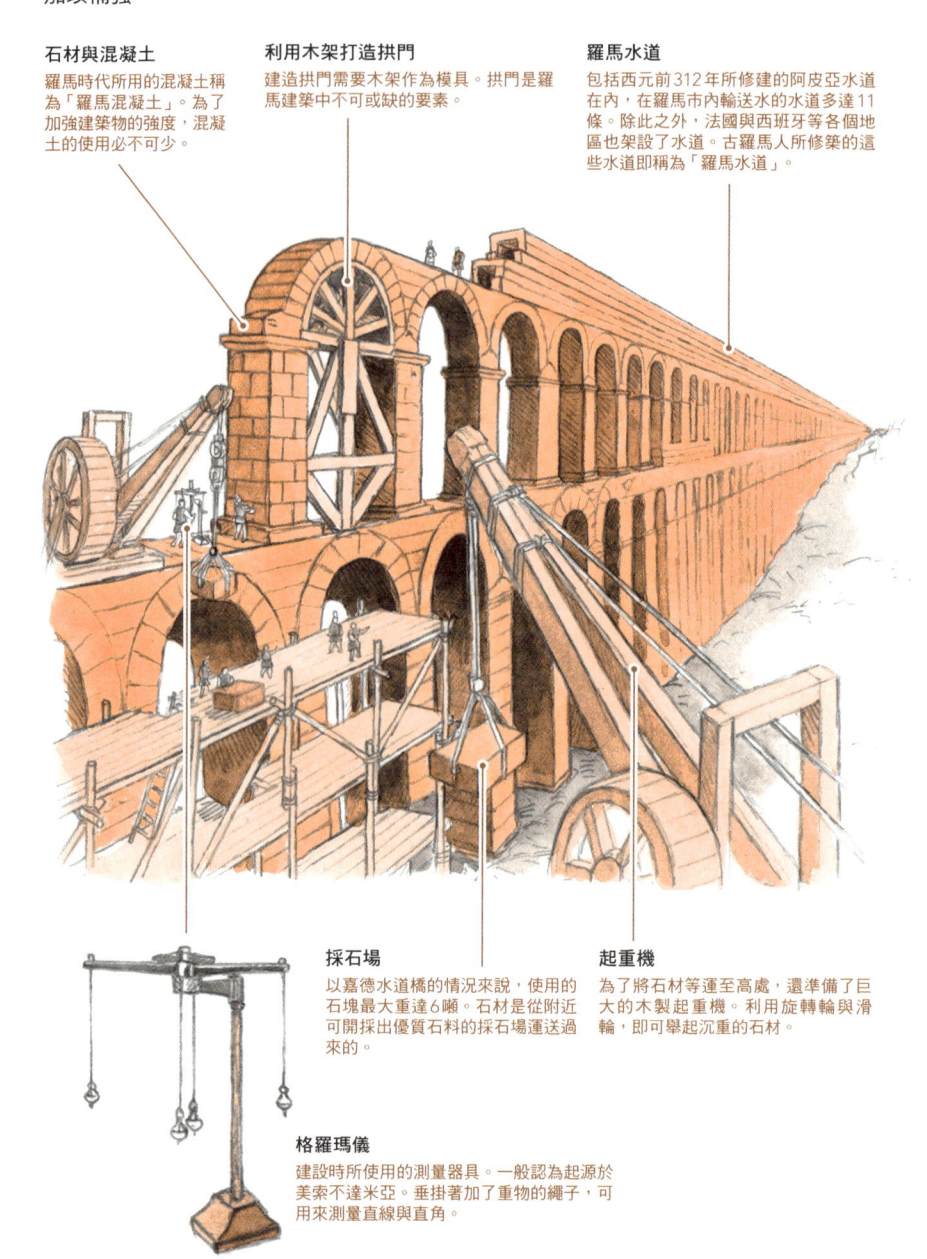

石材與混凝土

羅馬時代所用的混凝土稱為「羅馬混凝土」。為了加強建築物的強度，混凝土的使用必不可少。

利用木架打造拱門

建造拱門需要木架作為模具。拱門是羅馬建築中不可或缺的要素。

羅馬水道

包括西元前312年所修建的阿皮亞水道在內，在羅馬市內輸送水的水道多達11條。除此之外，法國與西班牙等各個地區也架設了水道。古羅馬人所修築的這些水道即稱為「羅馬水道」。

採石場

以嘉德水道橋的情況來說，使用的石塊最大重達6噸。石材是從附近可開採出優質石料的採石場運送過來的。

起重機

為了將石材等運至高處，還準備了巨大的木製起重機。利用旋轉輪與滑輪，即可舉起沉重的石材。

格羅瑪儀

建設時所使用的測量器具。一般認為起源於美索不達米亞。垂掛著加了重物的繩子，可用來測量直線與直角。

上水道在古羅馬十分發達

經過水道運來的水會被用於公眾浴場、噴泉、庭園與共用飲水區等。一小部分富裕階層的宅邸裡會直接架設水道，但一般市民都是從城鎮裡的水道來確保生活用水。

市內的水道

共用飲水區是提供許多市內居民使用，且配水口處裝有各種設計的浮雕。

把手

圓筒上有個洞，呈扭轉把手即可開關的結構。

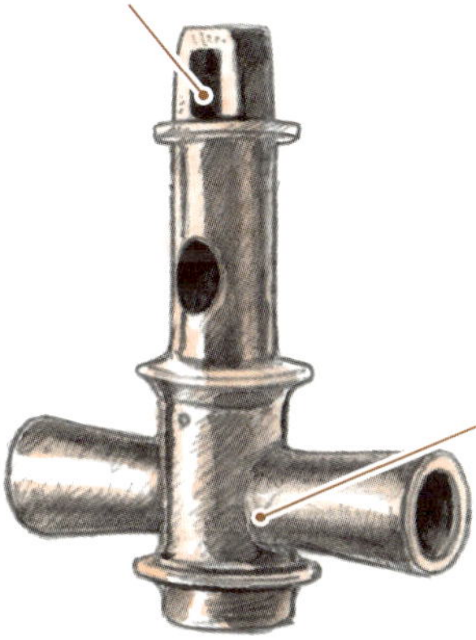

水龍頭

羅馬有不少水道裝有水龍頭。使用的是不易生鏽的鉛或青銅等材料製造。

特雷維噴泉

據說只要往後丟擲硬幣即可重遊羅馬，是著名的觀光景點。原為羅馬水道的終點之一，是奧古斯都大帝下令打造的人工噴泉。

涅普頓雕像

有羅馬神話中的海神涅普頓、女神刻瑞斯（左）、女神薩盧斯（右）的雕像鎮坐於噴泉中央。

巴洛克建築

建築本身是後世所建，為巴洛克建築的代表作。

維爾戈水道

特雷維噴泉的水是引自羅馬市內供水水道中至今仍在運作的維爾戈水道。

公眾浴場

身分不拘，許多人都經常光顧

對古羅馬人而言，沐浴是生活中不可欠缺的一部分。然而，一般市民家中基本上沒有浴室。因此經常會光顧附近的公眾浴場。巨大的浴場稱作「Thermae」、規模較小的稱為「Balnea」，除了浴場外，還會附設健身房與圖書館等各式各樣的設施。浴場設施主要區分為冷水浴室（Frigidarium）、溫水浴室（Tepidarium）與熱水浴室（Caldarium），據說市民會在這些設施中度過大部分的午後時光。

建造這些複合設施需要運用混凝土的建築技術。第一個公眾浴場建於西元前2世紀，後來歷代皇帝紛紛下令建造浴場。不分貴賤，許多人都曾在公眾浴場中汗流浹背。

熱水浴室的構造

浴場中注滿溫度特別高的熱水區域稱為熱水浴室。高溫的熱水會通過管道，從噴泉噴湧而出，注滿浴池。設計成讓水沸騰時所釋放出的蒸氣流入呈雙層構造的地板與牆壁之間，即可從外側加熱浴室。這種地板與牆壁供暖系統即稱為Hypocaust。

熱水浴室
熱水浴室總是充滿蒸氣，地板與長凳的溫度有時會變得相當高。
燒水
在公眾浴場中，燒水需要大量的燃料、水，以及管理鍋爐的奴隸，因此燃油費用頗為可觀。後期的羅馬帝國不再有餘力經營公眾浴場，最終導致浴場文化逐漸衰退。

作為娛樂設施的公眾浴場

公眾浴場中會附設庭園、藝廊、聚會場所、餐廳乃至妓院等形形色色的設施。猶如現代所說的綜合娛樂設施。由於聚集於此的人數眾多，公眾浴場還兼具社交場合的面向。

泳池

稱為Natatio的冷水池。有足夠的深度可供游泳，孩子們亦可在等待父母時入池中玩耍。

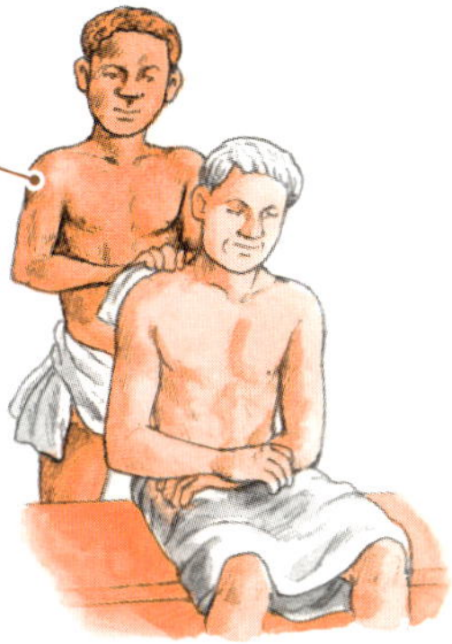

擦澡

奴隸為主人擦澡的場景並不稀奇，當時也已製造出擦澡用的工具。

社交場所

許多人聚集的浴場既是進行深交之地，有時亦為商務洽談之所。因此，即便是自家就有浴池的皇帝與貴族，仍會頻繁造訪公眾浴場。

羅馬浴場（Roman Baths）

英國的巴斯為溫泉區，公眾浴場在羅馬時代十分興盛。公眾浴場（Thermae）的遺跡至今猶存。

建於各地的浴場

熱愛泡澡的羅馬人也會在已征服的各地建造浴場設施。英國的巴斯、利比亞的塞卜拉泰、德國的特里爾、保加利亞的瓦爾納等地皆留有浴場的遺跡。

羅馬人與沐浴

一般認為羅馬人熱愛泡澡是源於維蘇威火山近郊的湯療文化。羅馬人為了自身的健康而經常泡澡。

SALVOM LAVISSE

保留於利比亞羅馬遺跡中的馬賽克畫上的格言，其意為「沐浴有益身體健康」。

療癒市民的卡拉卡拉浴場

在羅馬的歷史中，尼祿皇帝與圖拉真大帝等歷代皇帝都曾為大眾建造大浴場。其中又以西元216年卡拉卡拉大帝下令建造的卡拉卡拉浴場最為著名，不僅為浴場建築，還是羅馬帝國較具代表性的建築。冷水浴、溫水浴與熱水浴等各種浴場設施自不待言，腹地內的娛樂設施總是擠滿了人而熱鬧不已。有採光良好的寬大窗戶、拱形天花板與巨大的圓頂等，集當時建築技術之精髓於一身。

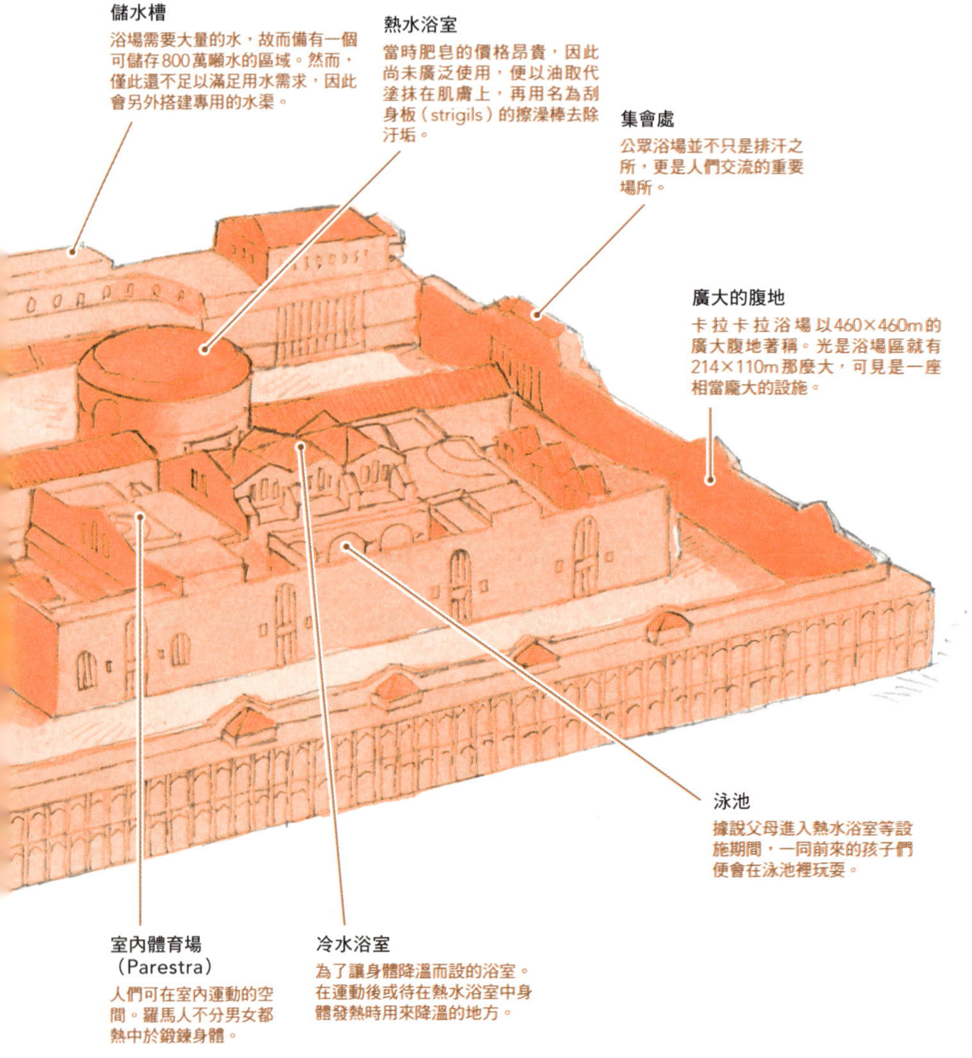

儲水槽
浴場需要大量的水，故而備有一個可儲存800萬噸水的區域。然而，僅此還不足以滿足用水需求，因此會另外搭建專用的水渠。
熱水浴室
當時肥皂的價格昂貴，因此尚未廣泛使用，便以油取代塗抹在肌膚上，再用名為刮身板（strigils）的擦澡棒去除汙垢。
集會處
公眾浴場並不只是排汗之所，更是人們交流的重要場所。
廣大的腹地
卡拉卡拉浴場以460×460m的廣大腹地著稱。光是浴場區就有214×110m那麼大，可見是一座相當龐大的設施。
泳池
據說父母進入熱水浴室等設施期間，一同前來的孩子們便會在泳池裡玩耍。
室內體育場（Parestra）
人們可在室內運動的空間。羅馬人不分男女都熱中於鍛鍊身體。
冷水浴室
為了讓身體降溫而設的浴室。在運動後或待在熱水浴室中身體發熱時用來降溫的地方。

有「光之間」美名的冷水浴室

冷水浴室是卡拉卡拉浴場中的主廳。以馬賽克地板搭配大理石牆壁，還在天花板上添加馬賽克畫與灰泥畫等，打造得豪華絢爛，因此稱為「光之間」。當時的建築師看過這裡後都表示「無法再打造出一樣的空間」，是兼具藝術性與實用性的建築物而備受讚譽。

古代浴場遺跡中挖掘出的勞孔雕像

將希臘神話中出現的祭司勞孔具象化的雕像，如今收藏於梵蒂岡的美術館中，作為古羅馬較具代表性的藝術作品而遠近馳名。這座雕刻是從圖拉真浴場的遺跡中挖掘出來的，然而實際上是否裝飾於浴場尚不得而知。不過全盛時期的大浴場美麗而令人賞心悅目，即便擺放了這樣的雕刻作品也不足為奇。

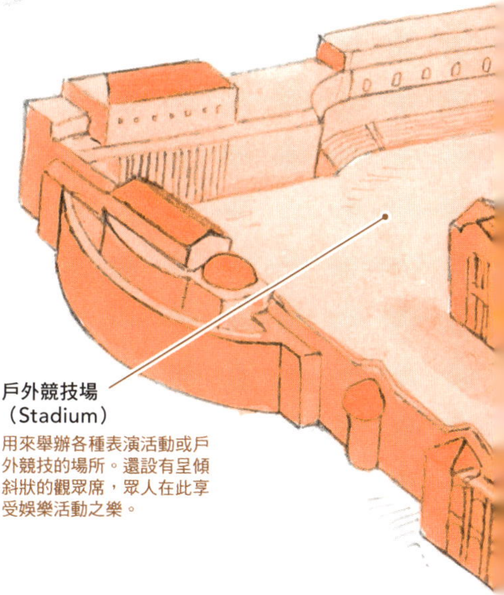
戶外競技場
（Stadium）
用來舉辦各種表演活動或戶外競技的場所。還設有呈傾斜狀的觀眾席，眾人在此享受娛樂活動之樂。

卡拉卡拉浴場的構造

卡拉卡拉浴場是一座總面積約11萬㎡的巨大設施。位於中央的冷水浴室還兼作浴場區的入口，可從該處進入各個浴室。圓形的突出部分則為熱水浴室，其上方的圓頂直徑約為35m。比最具代表性的神殿建築萬神殿（→P102）的圓頂還要高。浴場區的外側另設有庭園、競技場與體育場，人們會先運動，出汗後再去各個浴室。

神殿

表現出對眾神的敬畏與信仰的虔誠

獻給凱撒的凱撒神廟

建於保有古羅馬時代遺跡的古羅馬廣場中。又稱為凱撒神殿，是奧古斯都大帝為了祭祀凱撒而建造的。也是羅馬時代首座供奉神化人物的神殿。

一般認為這座神殿是建於凱撒火葬之處。
基座的裝飾是使用在阿克提姆海戰中戰勝克麗奧佩脫拉時俘虜敵船上的裝飾。

在基督教成為國教之前，羅馬是一個信奉各種神祇的多神教國家（➡P140）。不僅限於天空之神朱庇特這類受到希臘神話影響的神祇，也有人信仰從各行省傳入的在地神祇。此外，還有一些皇帝在逝世後受到神化。人們的信仰也很虔誠，還盛行於自宅中設置名為神龕（lararium）的小型祭壇來進行祭祀或占卜。

神殿為供奉這類神祇的地方，具有重要的意義。各個神殿中會祭祀特定的神祇，羅馬人則根據當下的目的走訪相應神祇所在的神殿並進行祈禱。此外，各時代的皇帝也曾下令建造各式各樣的神殿，至今仍有不少遺跡保留下來。

其中最著名的便是於西元125年竣工的羅馬萬神殿。如今作為基督教的教堂來使用，不過建築本身仍維持著當時的樣貌。萬神殿不僅是神殿建築，還被評價為羅馬建築的巔峰之作，從其莊嚴的佇立形姿可窺見當時人們的信仰有多麼虔誠。

羅馬的神殿承繼了希臘的建築技術

在漫長的羅馬歷史中，神殿的形式也隨著時代不斷變化。羅馬市誕生前後正值伊特拉斯坎人的統治時期，因此從建築樣式亦可看出其特色。後來開始受到意指「希臘風文化」的希臘化影響，神殿建築的外觀也出現變化。

伊特拉斯坎神殿（西元前5～4世紀）

伊特拉斯坎人所建造的神殿的示意圖。以木製柱子搭配山形屋頂別具特色，成為後來羅馬建築的基礎。

波圖努斯神廟（西元前75年）

羅馬市內至今猶存的神殿。使用希臘風的圓柱等，受到希臘化文化的影響甚鉅。

古羅馬人的信仰

不論貧富，所有社會階層的人們都信仰神明。家家戶戶皆設有神壇，還有不少人會配戴驅邪的護身符。政治與宗教之間的關係緊密，神職人員有時會兼任高官，或是依賴占卜來制定政策。

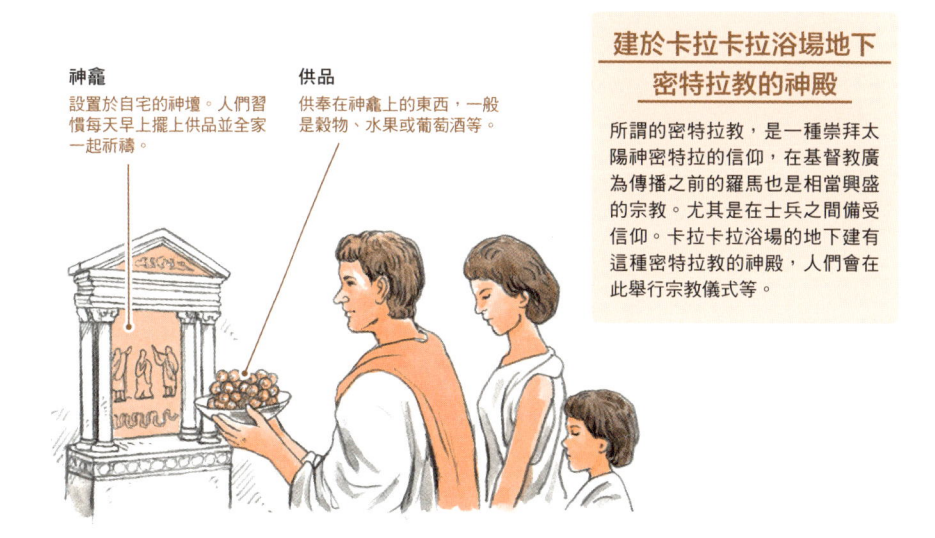

神龕
設置於自宅的神壇。人們習慣每天早上擺上供品並全家一起祈禱。

供品
供奉在神龕上的東西，一般是穀物、水果或葡萄酒等。

建於卡拉卡拉浴場地下密特拉教的神殿

所謂的密特拉教，是一種崇拜太陽神密特拉的信仰，在基督教廣為傳播之前的羅馬也是相當興盛的宗教。尤其是在士兵之間備受信仰。卡拉卡拉浴場的地下建有這種密特拉教的神殿，人們會在此舉行宗教儀式等。

萬神殿的構造

西元前27年完工的第一代萬神殿是由阿格里帕所建造。萬神殿（Pantheon）一詞意指「所有神祇」。一般認為是供奉神祇的禮拜設施，不過原本的使用目的尚不得而知。於西元80年燒毀殆盡，因此圖密善皇帝下令翻修，後來哈德良皇帝加以重建。白色大理石、紅色花崗岩加上混凝土屋頂，從內側觀賞會呈幾何學圖案，構造令觀者無不震撼。

穹頂（Cupola）

萬神殿的穹頂（圓頂）以直徑43m聞名。自建造以來，長達1,800年期間為世界最大的圓頂。

鑲板

屋頂上有下凹的面板相連成5排。藉此實現了輕量且高強度的穹頂。

混凝土

是以火山灰、石灰、石頭與磚片混合水拌製而成。由於混凝土的發明，開始建造出更加堅固且美觀的建築。

地板

到了下雨天，雨水會從圓窗落下，因此設計成地板中央稍微加高以便雨水流入水渠的構造。

祭壇

牆面上有8個祭壇，一般認為當時曾並排著羅馬眾神的雕像。

對後來基督教建築的影響

教堂建築也承繼了萬神殿的穹頂形狀。佛羅倫斯的聖母百花大教堂可說是其代表。隨著這座教堂的完成，萬神殿讓出世界最大穹頂的寶座。

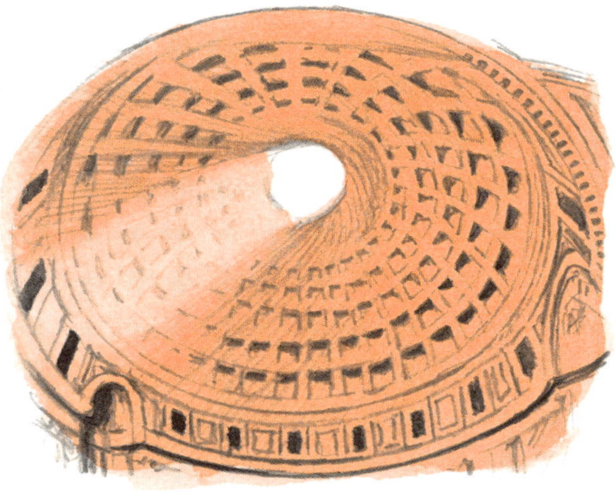

穹頂之眼（Oculus）

天花板上有名為穹頂之眼（oculus）的挖空眼窗，其直徑為8m。亦為萬神殿的特色之一，設計成從該處引入天然光線並充盈神殿內部的採光構造。

改作教堂之用

西元609年，教宗波尼法爵四世將萬神殿改作為基督教的教堂。當許多羅馬時代的遺跡遭受破壞，這座神殿卻成為獻給所有聖人的教堂，因而得以將其樣貌留存至現代。

碑文

入口處的碑文刻著「建於盧修斯之子瑪爾庫斯・阿格里帕擔任第三任執政官期間」，頌揚建造出第一代萬神殿的阿格里帕。

圓柱

12m的科林斯柱式石柱是以一片岩石打造而成，16根石柱成排並列，支撐著屋頂。

廣場

市民聚集的城市公共廣場

羅馬受惠於台伯河的豐沛水資源，從西元前10世紀左右便開始有人定居，直到西元前6世紀為止，已排出低地的積水並加以整頓。人們在經過整頓的土地上建造名為Forum的公共廣場，作為政治、宗教與社會活動的核心地區而繁榮不已。

市場

廣場的長邊那側有市場林立，這個時期的市場以販售肉或蔬菜水果的店居多。

其中位於卡比托利歐山與巴拉丁諾山之間的土地被稱為古羅馬廣場（Forum Romanum）。從君主制過渡至共和制，後又轉為帝政，在時代更迭的過程中，陸續建造了元老院議事堂、神殿與冠上皇帝名稱的廣場等建築，每天都人山人海好不熱鬧。目前已於古羅馬廣場挖掘出各種時代的遺跡，比如提圖斯凱旋門、供奉火神維斯塔的神殿遺跡、羅馬時代的巴西利卡等，無數遺跡至今猶存。

奧古斯都廣場的遺跡

現今古羅馬廣場中留存下來的遺跡。可看到延伸至瑪爾斯神殿的階梯與石柱。在西羅馬帝國滅亡後，古羅馬廣場的存在有很長一段時間被徹底遺忘。

奧古斯都廣場

奧古斯都下令建造的廣場，耗費40年的歲月建成。此地是為了慶祝軍事遠征得勝並作為頌揚皇帝之所而建，據信還立有半神英雄埃涅阿斯與羅馬建國者羅穆盧斯的雕像。

神殿
後方神殿所供奉的是戰神瑪爾斯。這座神殿是在奧古斯都為了替叔父凱撒復仇發動的腓立比戰役爆發前建造而成。
列柱廊
整座廣場呈長方形，華麗的列柱廊構造令人印象深刻。這是模仿凱撒廣場打造而成。
服裝
為了維持廣場的格調，奧古斯都要求來訪者皆須穿上正式服裝托加長袍。

多位皇帝下令建造的廣場並列成排

位於右側的是奧古斯都廣場，左側的大型廣場則為圖拉真廣場。這座廣場是為了紀念達契亞戰爭的勝利而建，中央配置了圖拉真本尊的騎馬雕像。

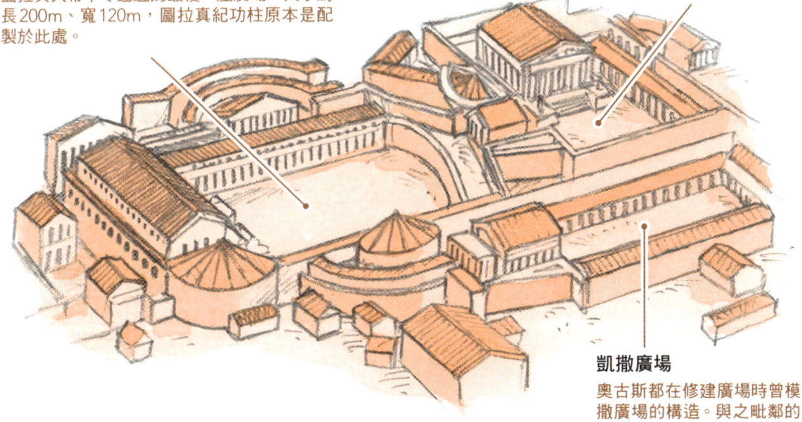
圖拉真廣場
圖拉真大帝下令建造的最後一座廣場。大小為長200m、寬120m，圖拉真紀功柱原本是配製於此處。
奧古斯都廣場
凱撒廣場
奧古斯都在修建廣場時曾模仿凱撒廣場的構造。與之毗鄰的是維納斯神廟。

皇帝的宮殿

當時掌權者所建造的權威象徵

宛如要塞般的戴克里先隱居之所

戴克里先於西元305年退位，其後便在亞得里亞海沿岸的斯普利特生活，度過餘生的6年。他當時修建了一座四周城牆環繞的宮殿作為隱居之所，又稱為要塞宮殿。與其森嚴的外觀不甚相符的是，據說老皇帝在這座宮殿內栽種高麗菜等，度過安穩的餘生。

向地下延展的宮殿

建築的南側修築了地下宮殿。

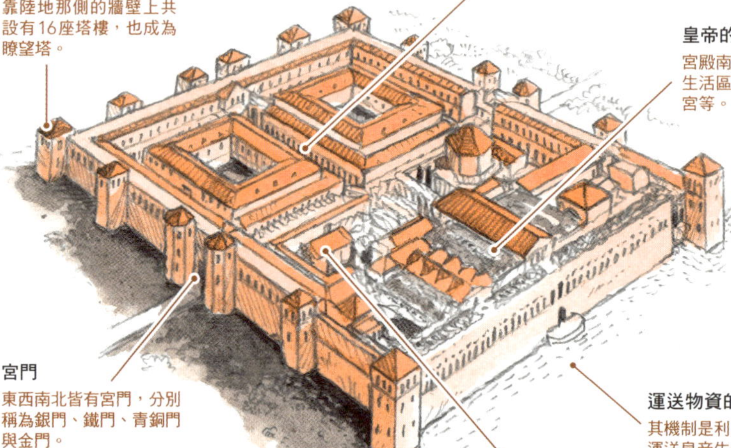

兵營

宮殿的北半部分成為負責護衛的士兵與僕人們生活的區域。

塔樓

靠陸地那側的牆壁上共設有16座塔樓，也成為瞭望塔。

皇帝的生活區

宮殿南側成為皇帝的生活區，有庭園與寢宮等。

宮門

東西南北皆有宮門，分別稱為銀門、鐵門、青銅門與金門。

運送物資的海路

其機制是利用船隻從海上運送皇帝生活所需的資訊與物資。

朱庇特神殿

祭祀天空之神朱庇特的神殿。如今成為基督教的洗禮堂。

宮殿的復原示意圖

圍繞整座宮殿的城牆長216m、寬約180m，形狀接近長方形。一般認為建造這座堅固的宮殿，與當時不穩定的羅馬局勢有關。

尼祿的黃金宮殿

西元64年發生羅馬大火後，在焚毀的廣大土地上修建此殿，有「金宮（Domus Aurea）＝黃金宮殿」之稱。牆壁與地板皆覆滿馬賽克，構造華麗而招致市民的反感。後世將其用作其他設施的基礎等，因此如今往昔的面貌已幾乎不復存在。

圖密善宮

建於圖密善即位不久後的西元81～92年。池子所在的中庭部分。據判半圓的部分為圓柱之基礎。左側為圖密善的起居空間。

英語「Palace（宮殿）」的語源來自羅馬七丘之一的巴拉丁諾山。因為圖密善皇帝（第11任皇帝，西元81～96年）下令於巴拉丁諾山上建造了一座巨大的宮殿。

圖密善皇帝的宮殿是由中庭、大廳、巴西利卡（作為集會處或法庭等使用的公共廣場）、圖書館與私宅等所構成的巨大複合設施，其面積達4萬1千平方公尺。在圖密善經手打造的建築物中，也以數一數二的莊嚴度著稱，大量使用的大理石與美麗壁畫等，外觀相當符合當時的掌權者。

然而，羅馬皇帝的宮殿歷史比這座宮殿還要悠久。其中最著名的，莫過於尼祿（第5任皇帝）的金宮，別稱為「黃金宮殿」。在宏偉程度上也勝過圖密善宮，設置於各處的藝術品、牆壁與地板的馬賽克，皆對後世的藝術造成影響。

除此之外，羅馬各地與行省也建造了無數宮殿。其中戴克里先下令修建的宮殿特別龐大且構造宛如要塞。

別墅

富裕階層過著悠哉生活的別莊

羅馬的富裕階層中也有不少人擁有所謂的別墅（Villa），尤其是景色優美的那不勒斯灣近郊為熱門地區，據說有些人會遠離日常生活，來此泡溫泉以消除疲勞。

此外，別墅既是優雅的別莊，有時還兼具農場的作用。屋主會將工作交派給奴隸，再出售採收的作物來獲取利益。主要生產葡萄或橄欖，有些地方甚至有可加工成葡萄酒或橄欖油的設施。

如今別墅中最著名的是西西里島上卡薩爾的古羅馬別墅。有著豪華且複雜的結構，地板上仍留有彩綴各處的迷人馬賽克畫。屋主不詳，不過從這些豪奢的裝飾來看，毫無疑問是個大富豪。

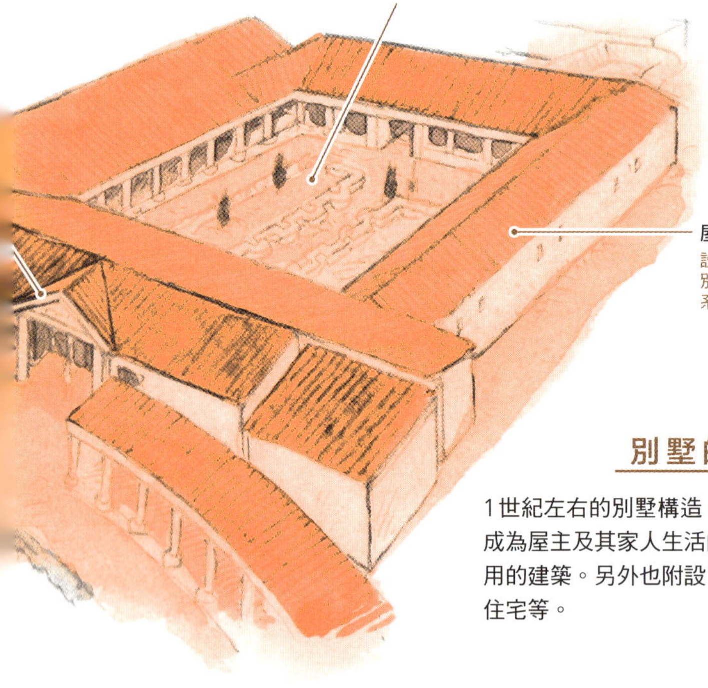
中庭
列柱廊十分優美的中庭，常以樹木或樹籬裝飾。
屋主的起居空間
設有臥室、書齋與食堂等，有些別墅甚至安裝了使用溫水的地暖系統。

別墅的構造

1世紀左右的別墅構造。右側的建築物為主屋，成為屋主及其家人生活的空間。左側則為農場專用的建築。另外也附設了受託管理別墅的管家的住宅等。

深受皇帝喜愛的哈德良離宮

位於羅馬郊外蒂沃利的這座別墅由哈德良皇帝下令建造，故稱為哈德良離宮（Villa Adriana）。腹地內的別墅多達30棟，再加上皇帝喜歡泡澡而有3個浴場，宛如一座城鎮。很符合曾巡遊世界各地的哈德良的風格，這裡不僅有羅馬特色的建築，還有希臘或埃及特色的建築。

海洋劇場

圓形的人工池四周有成排柱子林立。這座水池中央漂浮著一座島嶼，形成一個劇場。據說哈德良經常在此度過一個人的時光。

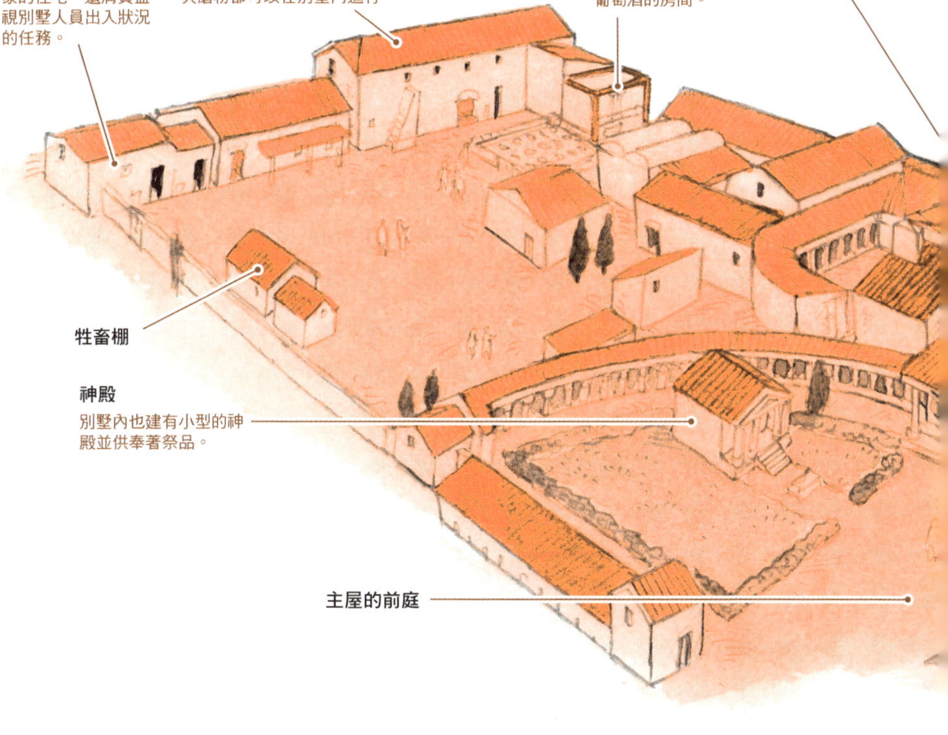
接待室
位於入口盡頭處，用以邀客入內的地方，門通常是保持關上的。
管家的住宅
被委派管理別墅的管家的住宅。還肩負監視別墅人員出入狀況的任務。
穀倉
用來保管穀物的地方。連脫穀與磨粉都可以在別墅內進行。
榨酒室
用於將採收的葡萄加工成葡萄酒的房間。
牲畜棚
神殿
別墅內也建有小型的神殿並供奉著祭品。
主屋的前庭

君士坦丁凱旋門

君士坦丁大帝為了紀念在米爾維安大橋戰役中獲勝，於西元315年建造而成，是有3連拱門的凱旋門，以羅馬最後一座巨大凱旋門而馳名。這座凱旋門上飾有各式各樣的浮雕與雕刻，但其實是挪用舊時代的裝飾。

頌揚戰役與勝利的建築

凱旋門與紀念塔

凱旋與出征的場面

描繪的是皇帝凱旋的模樣與備受祝福的出征場面。然而，這個浮雕是從馬可‧奧理略‧安東尼時代的凱旋門上剝下來的。

圖拉真時代的雕刻

上部的雕像是圖拉真時代的作品，其中有些僅替換了頭部，模擬成君士坦丁大帝的樣子。

描繪皇帝領取賞金的樣貌。

高21m、寬25.7m、深約7.4m。北側正面為戰爭場面，南側正面則是呈現和平與公共生活的場景。

哈德良時代的浮雕

圓形浮雕為哈德良時代的作品，描繪的是羅馬眾神。左邊圖案為阿波羅神，右邊則是海克力斯。

君士坦丁大帝時代的浮雕

有些浮雕是於君士坦丁大帝時代打造而成，並非全為挪用。這些浮雕可見於柱腳與拱門上部。

各時代的皇帝會為了紀念自身的偉業而修建各式各樣的建築，凱旋門可說是最具代表性的例子。一般認為是從西元前2世紀左右開始打造出成為其原型的建築，以巴黎的星形凱旋門為代表，即使在羅馬帝國滅亡後，歐洲各地仍繼續打造類似的紀念碑。

凱旋門的基本構造是有一條採用拱狀天花板（所謂的拱頂）的通道，壁面則加了經過裝飾的圓柱與浮雕。至於羅馬現存的凱旋門，提圖斯凱旋門、塞維魯凱旋門與君士坦丁凱旋門的保存狀態也很良好，完整保留了當時的風貌。此外，圖拉真紀功柱也是赫赫有名的紀念性建築。

圖拉真紀功柱

這座紀念柱高約38m，是為了紀念圖拉真大帝出戰的達契亞戰爭而建。內部有螺旋梯可通往頂端。

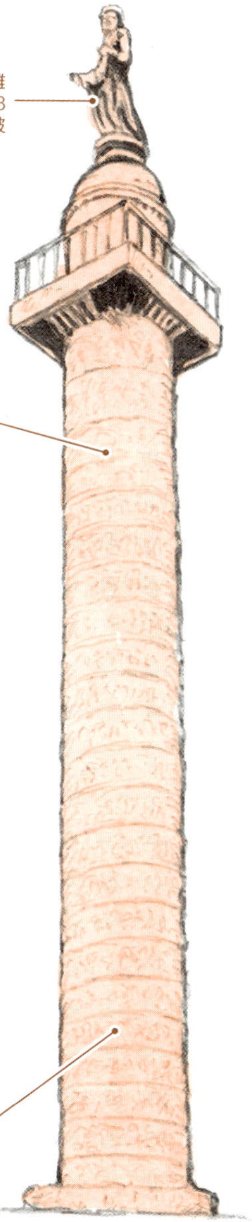
聖彼得雕像
昔日是以圖拉真大帝的雕像作為裝飾，直到1588年才換成基督教聖人聖彼得的雕像。
額枋
整根柱子都加了名為額枋的帶狀雕刻。全長達200m，描繪了達契亞戰爭的樣貌。
20個圓柱形部位
柱子是以20個圓柱形部位（鼓形牆）打造而成，直徑達3.5m。因此修建了一個巨大的底座，並一個個堆疊上去。

街道

支撐著羅馬發展的交通網

正

如「條條大路通羅馬」這句諺語所示，古羅馬的街道遍布各地。藉此特徵，也達成迅速調派軍隊並順暢運送物資的任務。

羅馬街道的歷史始於西元前312年，當時擔任監察官的阿庇烏斯·克勞狄烏斯著手整頓了羅馬與卡普阿之間的街道。這條道路全長達211公里，後來稱作阿庇亞道。

此後又耗費400年的歲月，以羅馬為中心，修整通往義大利半島與帝國全境各地的街道。無戰爭期間會動員士兵，完全以人工作業來推動道路工程。結果街道全長達15萬公里，作為羅馬帝國的動脈發揮著作用。

木槌
利用木槌從上方確實加壓，避免砂石之間產生空隙。
表層石（pavimentum）
最上層的路面部分，大多使用堅硬的玄武岩建造。
里程碑
沿著羅馬街道配置的標誌。記錄從該位置到最近都市之間的距離。
最下層（staumen）
道路的第1層，使用了沙、土與大石子等材料鋪在最下層。

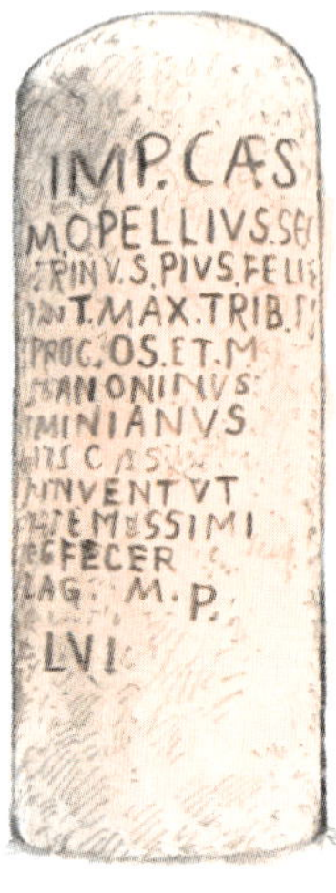

街道是如何修築而成的？

羅馬的街道並非只在路上鋪石子，而是從道路開鑿開始著手。人們會先挖出深坑，再用大小不一的砂石或石子等分3層鋪滿，打造出馬車通過也不會塌陷的堅實道路。此外，還可看到中央加厚以便排水的巧思。

阿庇亞道

阿庇烏斯·克勞狄烏斯所修築的街道。是為了讓馬牽引的戰車奔馳而建的軍用道路。此街道以卡普阿為起點，進一步延伸至義大利半島最南端布林迪西的利基翁，全長約580km，橫穿過義大利。其中一部分至今猶存，亦稱為「道路女王」。阿庇烏斯·克勞狄烏斯也是羅馬水道的關鍵人物。

第二層（rudus）

相當於道路第2層的部分，鋪設以砂漿加固的小石子打造而成。

開鑿

每隔約6m來進行開鑿。道路寬度約為4～6m，讓馬車通行綽綽有餘，不過在人口稠密的都市則太窄。

科西嘉島
羅馬
薩丁尼亞島
西西里島

西元前2世紀左右已鋪設的道路

道路以羅馬為中心呈放射狀延伸，涵蓋整個義大利半島。西元前117年左右，主要幹線道路約為8萬6千km，所有道路則長達29萬km。距離道路鋪設已過了2,000年，至今仍利用瀝青重新鋪設來持續使用這些道路。

COLUMN❹

象徵羅馬的詞語

何謂「SPQR」？

羅馬遺跡中可見的「SPQR」，是拉丁語「Senātus Populusque Rōmānus」的簡稱，意指「羅馬的元老院與國民」。這個詞彙代表著古羅馬的主權者，如現今英文裡所說的「Ladies and gentlemen（女士們、先生們）」般，用作演說開頭的稱呼等。

此外，雖然將元老院與國民並列，兩者卻是有區別的，且元老院（Senātus）會寫在前面，顯示實際上是由元老院掌握主導權。

「SPQR」作為傳達共和制理念的短句廣傳至羅馬各地，即便轉為帝政也沒有加上代表皇帝（Imperator）的「I」，依舊刻於羅馬軍旗與各種公共物品上。不僅限於羅馬市，在北非與歐洲等過去曾是羅馬帝國的領地，仍可在遺跡等處看到這些遺留物。

現代除了採用「SPQR」作為羅馬市的市徽外，還繪於人孔蓋蓋子與計程車車門上。此外，職業足球隊羅馬體育俱樂部（A.S. Roma）在2023～2024年賽季的官方制服，胸前也是採用了「SPQR」的標誌。

現代羅馬市內的人孔蓋

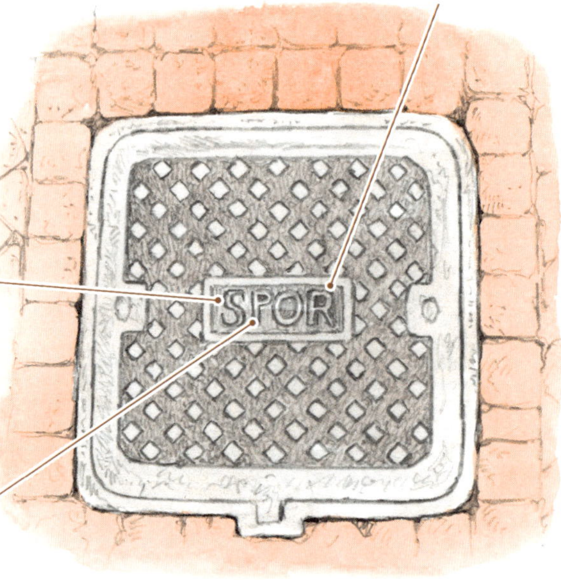

Rōmānus
意指「羅馬的」。

Senātus
意指「元老院」。終歸與「國民」有別，寫在前面，表示特別具有權威。

Populusque
意指國民。拉丁語會在「que」上加重音，因此縮寫為「PQ」。

第 5 章

羅馬市民的生活與文化

販賣參政權以換取糧食與娛樂？

羅馬市民與「麵包與馬戲團」

古

羅馬人建立了一套複雜的階級制度與嚴格的階級社會，將人大致劃分為兩大類，分別為自由與權利皆受到認可的「自由人」，以及人權受到限制而被當作家畜般對待的「奴隸」。參政權與上訴權等特權即所謂的「羅馬市民權」，擁有羅馬市民權的自由人則稱作「羅馬市民」，綜上可知此一詞並非單純表示居住在羅馬的人。

羅馬市民擁有無償獲得糧食與娛樂的權利，但是有一條不成文的規定，就是必須在政治上支持施恩的權勢者作為回報。換句話說，人們用麵包填飽肚子，用馬戲團滿足心靈，作為交換，在權勢者競選公職時必須投票。這樣無異於放棄參政權這個市民最大的特權，「麵包與馬戲團」一詞便是諷刺仰賴權勢者配給的穀物過活並沉迷於娛樂的市民。

羅馬人不等於羅馬市民

羅馬有一套嚴格的身分制度，由上而下分別是皇帝、元老院議員、騎士、平民、行省居民、解放自由人與奴隸。7個階級中，唯獨元老院乃至平民這些擁有「羅馬市民權」這種特權的人才是羅馬市民。

參政權
指在選舉中投票等參加政治的權利。為羅馬市民最大的特權，服兵役即可獲得。

上訴權
古羅馬的審判相當頻繁，但是唯有羅馬市民可以提出上訴。

財產所有權
指自由使用或放棄自己取得的土地或貨幣的權利。奴隸也含括在財產的概念中。

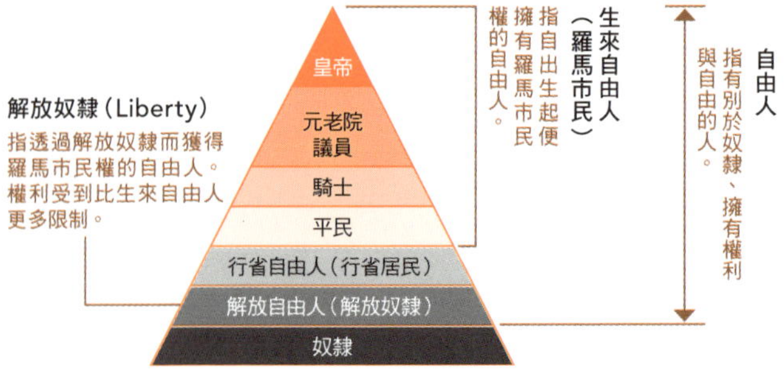

皇帝
元老院議員
騎士
平民
行省自由人（行省居民）
解放自由人（解放奴隸）
奴隸
解放奴隸（Liberty）
指透過解放奴隸而獲得羅馬市民權的自由人。權利受到比生來自由人更多限制。
生來自由人（羅馬市民）
指自出生起便擁有羅馬市民權的自由人。
自由人
指有別於奴隸、擁有權利與自由的人。

Circus（戰車競賽）

古代的一種運動競賽，以戰鬥用馬車Chariot來競速。類似現代所說的F1賽車。「Circus」為「馬戲團」一詞的語源。

用餐與娛樂均免費提供

羅馬市民擁有免費取得小麥等糧食，以及享受Circus（戰車競賽）或戲劇等娛樂的權利。尤其是糧食的無償供應，有預防羅馬市民餓死的效果。

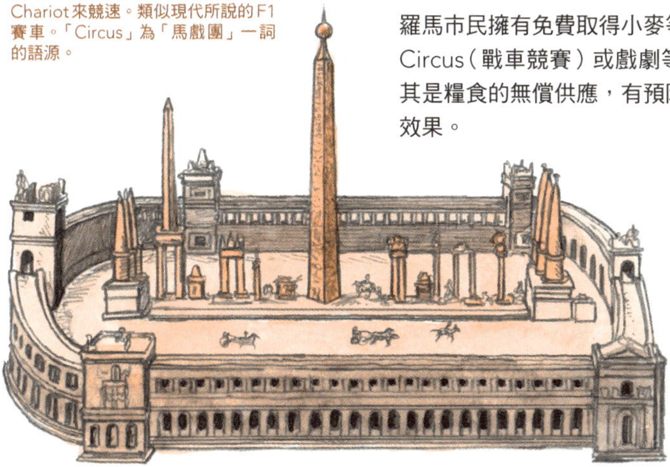

糧食分配措施（Cura Annonae）

透過領土擴張而得以從埃及與西西里島等地低價進口穀物後，羅馬開始栽培葡萄與橄欖等高級果實，導致糧食難以自給自足。為此，皇帝採行了購買穀物並免費發配給市民的政策。其結果是，糧食的穩定供應直接影響到市民的支持率。此後歷任皇帝皆在市民要求的「糧食分配應措施（Cura Annonae）」上煞費苦心。

穀物長官

第一任皇帝奧古斯都所創設的職位，負責穩定供應糧食。詳細工作內容尚未可知。

小麥

在羅馬被當作主食，用來製作麵包等。大部分仰賴從行省進口。

羅馬神話中曾寫到由國王主辦的戰車競賽

第一任國王羅穆盧斯曾舉辦戰車競賽並邀請鄰近國家的薩賓人來參加。在比賽最狂熱之際，羅穆盧斯舉起斗篷發出暗號後，便有羅馬士兵同時帶走女性。這是利用戰車競賽來綁架薩賓女性。據說當時被掠走的女性多達700人，大部分都被迫與羅馬市民結婚。

服裝與髮型

曾有一套符合身分的著裝守則

古

羅馬人在生活中經常身穿一種名為「丘尼卡（Tunica）」的連身衣，並以腰帶繫住。奴隸是單穿丘尼卡作為日常服飾，不過男性羅馬市民會在丘尼卡上面纏繞一條半圓形的長布「托加（Toga）」。托加是羅馬市民的正式服裝，據說沒有市民權的人禁止穿戴。不僅如此，只要觀察丘尼卡與托加的布料、邊緣顏色與圖紋寬度，階級一目了然，唯有皇帝等上流階級可以使用深紅與紫色。

女性會穿一種名為「斯托拉（Stola）」、長及腳踝的丘尼卡，並披上稱為「帕拉（Palla）」的披肩。已婚婦女或聖女有時還會在上面披一層面紗。斯托拉的特色在於色彩鮮豔。

此外，羅馬人不論男女都經常佩戴首飾，還會定期去理髮店，可見他們已具備高度的審美觀。

男性所穿的托加與丘尼卡

托加是以1片半圓形的布料纏繞而較為複雜，丘尼卡則相對簡單，是以2片布於肩部與腋下處縫合而成，穿時是從脖子套上。

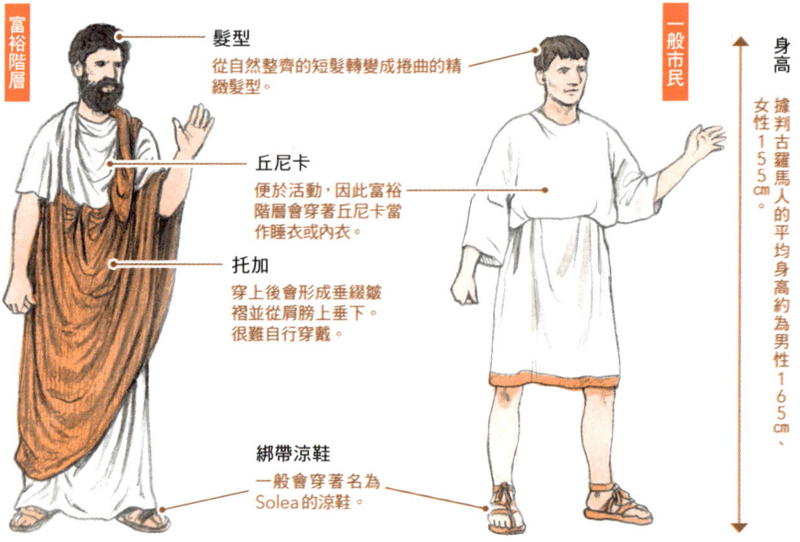

富裕階層
一般市民
髮型
從自然整齊的短髮轉變成捲曲的精緻髮型。
丘尼卡
便於活動，因此富裕階層會穿著丘尼卡當作睡衣或內衣。
托加
穿上後會形成垂綴皺褶並從肩膀上垂下。很難自行穿戴。
綁帶涼鞋
一般會穿著名為Solea的涼鞋。
身高
據判古羅馬人的平均身高約為男性165㎝、女性155㎝。

捲髮最新潮？

仔細觀察羅馬皇帝的肖像，會發現其捲曲的鬍鬚與波浪狀的頭髮並非天生的毛髮，而是理髮師打造出來的。他們會利用蠟片或鑷子拔掉鬍子，或用以炭火加熱過的金屬鉗燙捲頭髮……。在沒有電動刮鬍刀與燙髮器等方便工具的古羅馬，時尚是一件費力且伴隨著痛苦的事。

為髮型苦惱的凱撒

對古羅馬人而言，豐盈的頭髮是美男子的象徵。據說凱撒（→P40）曾為髮量稀疏所苦，於是發明了將瀏海往側邊梳的髮型，用以遮掩稀疏的頭髮。以凱撒的英文名稱命名為「凱撒頭（Caesar Cut）」，這種髮型在1950～1990年代的歐美愈來愈受歡迎，看起來很紳士，因此直到現在仍備受青睞。

凱撒頭

將整顆頭剪成約2～5cm的髮型。

以加熱過的金屬鉗燙捲頭髮，如塔樓般高高疊起。有些情況下還會用石灰等將頭髮染亮。

也很流行如花環般以三股辮環繞而成或如蛇般盤繞捲曲的髮型。

流動般皺褶優美的女性服裝

女性有時也會如男性般身穿托加，不過基本上都是穿著斯托拉。大多是使用上好的亞麻或絲綢為材料，娼妓則會穿著透明的絲綢衣物。

富裕階層

面紗

進行宗教性儀式時有遮覆頭部的習慣，已婚婦女或聖女會披戴面紗。

帕拉

以羊毛製成的長方形披肩。有時還會在肩頭別上胸針。

髮型

從「中分後往左右編成辮子並鬆鬆地綁在脖頸處」的簡單髮型，演變成「捲成多層並高高綁在頭頂上」的華麗髮型。

首飾

男女身上都會配戴，尤其深受女性喜愛，她們會配戴使用大量精巧工藝品或寶石類所製成的優美飾品。

肌膚

人們認為女性皮膚愈白愈美麗，據信她們經常撐著陽傘來防止曬傷。

一般市民

斯托拉

結構與男性的丘尼卡別無二致，特色是下擺長及腳踝。

形成美麗的垂綴狀。

上流階級的飲食與饗宴

躺著享用豪華的佳餚

一般認為古羅馬人與現代日本人一樣，都是吃早餐、午餐與晚餐，一天共三餐。富裕階層會在宅邸多姆斯（Domus→P126）中名為躺臥餐廳（Triclinium）的房間內舉辦晚宴來招待友人。躺臥餐廳是在四周設置類似簡易床的東西圍起餐桌，人們會躺在上面，悠哉地享用奢華的套餐料理與多到不行的葡萄酒。此外，還會欣賞樂器演奏或舞蹈作為餘興節目。據說宴會從下午3點左右開始，偶爾會通宵一直吃到天亮。

一般認為享受與賓客交談的樂趣亦為用餐的醍醐味，因此有時一般市民也會受邀參加在躺臥餐廳舉辦的宴會。宴會不僅是用來炫耀財富，還兼具沙龍的作用，用以贏得人心或鞏固政治基礎。

1天的飲食次數與名稱

在君主制時期，皆以輕食解決早晚餐，中午則享用名為Cena的主餐。然而，到了共和制時期，Cena變成了晚餐。富裕階層的人們有時還會在晚餐後吃宵夜。

羅馬君主制時代

可取得的食材種類有限，加上從事務農等勞力工作，因此午餐都會確實進食。

早餐 lentaculum
於黎明時分將麵包浸泡鮮奶等來食用。有時會吃前一天剩下的食物。

午餐 Cena
於正午時分吃麥片粥或燉豆湯等主食。富裕階層有時會吃肉乾當作午餐。

晚餐 Vesperna
一般認為會在日落前吃一頓不含肉的輕食，不過缺乏資料佐證故詳情尚未可知。

羅馬共和國時代

隨著領土的擴張而得以進口豐富的食材，加上都市的發達使人類不需再於食欲不佳的炎熱白天確實進食，因此將主食改到晚上吃。

早餐 lentaculum
一般仍與君主制時期一樣，是以簡樸的輕食解決。富裕階層的餐桌上還會有水果或乳酪。

第2頓早餐 Prandium
會在外食店食用麵包、粥、蛋、冷肉與魚、水果等，不過有些情況下不會吃第2頓。

晚餐 Cena
富裕階層會舉辦宴會並享用美味饗宴。另一方面，庶民的飲食則與早餐或午餐一樣簡樸，主要是吃麵包或麥片粥。

宵夜 Vesperna
在宴會或酒宴之後，會端出輕食換個口味。庶民則幾乎不吃。

在躺臥餐廳舉辦的晚宴

除了躺在床上用餐外，宴會上還有一些現代難以想像的餐桌禮儀，比如可在用餐期間小便、亂丟食物殘渣，連打嗝都喜聞樂見。

奴隸
稍加打扮的奴隸會協助送餐等用餐事宜。

食物殘渣
骨頭與水果籽等皆扔在地上。人們認為會招致亡靈作祟而厭惡清掃丟棄物。

在用餐過程中因生理現象而起身走動是不禮貌的。可要求奴隸拿來房間裡預備的小便瓶等。

Lectus Triclinaris
指用餐專用床。是大小足以躺3名大人的簡易床，會鋪上床單與墊子來使用。據說呈微微傾斜狀，以便躺著用餐。

餘興節目
會表演樂器演奏、舞蹈或脫衣舞等，作為餐後的娛樂活動。有時還會請來娼妓助興。

托加
受邀賓客會穿著羅馬市民的正式服裝托加，不過隨著時代的推移，會在用餐前換上名為Synthesis的簡易型托加。

席次
有上座、中座與下座，從①開始，重要度依數字順序遞減。主賓大多位於上排左邊（①），主辦人則位於左排上方（④）。

鑲嵌畫地面
躺臥餐廳的地板上有描繪水果籽或魚骨等的鑲嵌畫（馬賽克畫），用以平息詛咒。

宴會的程序與菜單

出席者會先用洗手盆洗手並獻上禱告。接著如現在的套餐料理般，開場先以加了蜂蜜的葡萄酒作為餐前酒，再依序端出前菜、魚類料理、肉類料理。清理手上沾染的髒汙後，享用甜點，吃剩的料理則當作伴手禮。

1.洗手
2.向神明禱告
3.餐前酒
4.水煮蛋

5.前菜2道
除了蔬菜或海產外，還使用了睡鼠或橄欖的果實等。

6.主菜2道
分別端出海鮮類、鳥禽或豬等肉類料理。

7.洗手

8.甜點
除了石榴或李子等水果外，還會品嚐雪酪或烘焙點心。

9.伴手禮
用自己帶來的餐巾打包宴會剩餘的料理帶回家。

從雞蛋至蘋果，自各地匯集的食材

古羅馬人是以小麥等穀物為主食，也會食用水果、堅果與橄欖，並飲用葡萄酒。在海邊地區，有時也會有海鮮類出現在庶民的餐桌上，不過肉類價格昂貴。

肉類

豬肉較為普遍，主要是整隻烤來吃，據說也很常食用大型睡鼠而以人工養殖。古羅馬人還會吃孔雀或鵝等鳥禽類，幾乎不吃牛肉，因為牛是寶貴的勞動力，亦為獻給神的供品。

海產

在靠海地區可捕獲新鮮的魚、章魚與貝類。當時牡蠣並非高級食材，是以人工養殖的。

用麵包來擦手

主食為小麥，會製成麵包或粥來食用，但在富裕階層的晚宴上，除了食用的麵包外，還會準備用來擦手的麵包。據說人們習慣用手抓取料理來享用，因此這些麵包是用來擦拭手指沾到的魚醬（garum），或切成片來擦嘴。髒掉的麵包則不入口，而是丟棄在地板上當作狗食。

羅馬在以農業為業的君主制時期，是栽培小麥等穀物、橄欖與多種蔬菜來食用。然而，到了共和制時期，羅馬市內的糧食自給率隨著領土的擴張而下降。開始仰賴從行省進口的食材，改以埃及或西西里島產的小麥為主食。另一方面，也開始從各地採購五花八門的奢侈品。據說富裕階層的餐桌上擺滿變化豐富的食材，包括希斯帕尼亞（西班牙）產的火腿、採自撒哈拉沙漠周邊的石榴或椰棗，乃至亞細亞產的辛香料等等。

無關乎貧富差距，居住在海邊的羅馬人經常食用日本緋鯉、牡蠣、章魚等海鮮類，其中烏魚與龍蝦被視為高級食材。

人們也會食用肉類，以豬肉為主，不過價格昂貴，對庶民而言高不可攀。

另一方面，貧富不拘，人人都喝葡萄酒，據推測，在帝政全盛時期，羅馬每年的葡萄酒消耗量高達1億公升。葡萄酒含有維生素、礦物質與醣類，為重要的營養來源，是古羅馬人飲食生活中不可或缺的一部分。

水果

也會食用蘋果、西洋梨、石榴與從小亞細亞帶來的櫻桃。除了用來釀酒的葡萄，羅馬也有栽種食用葡萄。

水果乾

水果在產季時新鮮現吃，入冬後則製成水果乾並保存。除了經過乾燥的椰棗與無花果果實外，葡萄乾也很受歡迎，還經常吃核桃與杏仁等堅果類。

蜂蜜

作為砂糖的替代品，用於料理或蛋糕等。價格昂貴，因此有時會熬煮果汁作為甜味劑來使用。

葡萄酒

古羅馬栽種了50多種葡萄，經常釀成紅葡萄酒。新釀的葡萄酒較為粗獷也且稜角分明，一般是以雪冰鎮或加熱後飲用。

魚醬

以魚製成的魚醬油，被用於肉或魚類料理的調味。是羅馬較具代表性的調味料。將魚的內臟浸泡鹽水，在向陽處發酵4～6週左右，直到形成溫潤的風味。

長柄陶瓶（Oenochoe）

用來倒葡萄酒的容器。有些還加了女性頭像作為裝飾。優質的葡萄酒則會保存於玻璃瓶中。

豪華的餐具

宴會上會使用豪華的餐具以展示主辦者的富有。庶民是使用陶器或木器，富裕階層所用的餐具則以銀製品居多，杯子上還會以黃金、琥珀與螢石鑲嵌裝飾。

古羅馬的葡萄酒會兌了水來飲用？

沒有可密封的容器而水分容易蒸發，因此古羅馬的葡萄酒酒精濃度高，一般會兌水或添加蜂蜜來飲用。此外，據說酒中混有用以保存或添香的雜質，必須先經過過濾器方能飲用。

用餐基本上是用手取食，不過也會使用2種湯匙：較大的里古拉匙（ligula）與末端尖起的蝸牛匙（cochlear）。

庶民的飲食

利用外食餐廳恭謹地用餐

在古羅馬，唯有極少數的富裕階層能享用極其奢華的飲食，大多數的羅馬人都過著簡樸的飲食生活。

古羅馬人主食為小麥，一般是熬煮成粥狀，製成「粗麥粥」來食用，不過到了共和制時期，改而將磨成粉的小麥加水揉捏並烘烤，加工成麵包。在小麥採配給制的古羅馬，禁止庶民製作麵包，而是由專業師傅在國家或富裕階層保護之下的麵包店裡大量生產。不分貧富，人人都能吃麵包，據判全盛時期的羅馬曾有250多家麵包店。

說起來，庶民的住宅裡本來就沒有烹飪處，頂多只能製作以火盆之類的爐子來加熱的料理。因此，人們一般都是利用相當於現代速食店的「熱食鋪（Thermopolium）」或如居酒屋般的「酒館餐廳（Tavern）」等外食店。亦可在店內用餐，不過據說一般都是外帶。

話雖如此，根據挖掘調查得知，這種飲食稱不上分量十足也難以提供所需營養，大多數的庶民都處於慢性的營養失調狀態。

以小麥為主的簡樸飲食

庶民的飲食以小麥粥與麵包為主，搭配豆類、雞蛋、乳酪、水果與葡萄酒一起享用。最初是吃使用大麥製成而較硬的麵包，但隨著大量生產帶動製粉與麵包製作技術的發展，出現了使用小麥製成的軟麵包與甜餡麵包。然而，唯有上流階級才能吃到這種又白又軟的麵包。

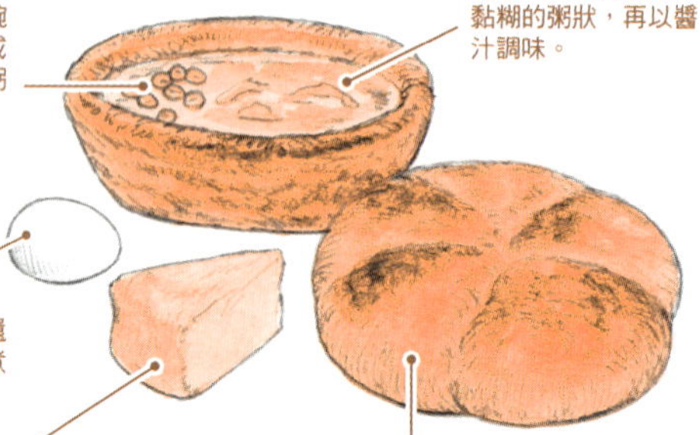

豆類
除了扁豆外，還會食用鷹嘴豆、蠶豆與豌豆等，煎炒或燉煮成湯。有時會加入粗麥粥（Puls）中。

粗麥粥
以水與油將大麥煮成黏糊的粥狀，再以醬汁調味。

雞蛋
據說稍微富裕的庶民還會吃以爐火加熱的水煮蛋或歐姆蛋。

乳酪
幾乎不吃乳製品，乳酪除外。也有販售淋了蜂蜜的乳酪蛋糕。

麵包
庶民會以鮮奶或葡萄酒將硬麵包泡軟來食用。軟化後的麵包被稱為Soup，但隨著時代的推移，也指用來浸泡的液體。

支撐著庶民飲食的外食餐廳

家中沒有烹飪處，白天外出工作的庶民會在便宜又方便的外食餐廳用餐。據說其中也有富裕階層在談生意時會光顧的高級料亭。到了圖拉真大帝時期，還打造了有外食店進駐的複合設施。

麵包店

麵包店曾是庶民的強大盟友，皆在國家的管制之下。據說專業的麵包師傅是相當受歡迎的職業，類似現今的公務員，甚至還有專業學校。

熱食舖

店內有個大櫃檯與飲食區。食物會裝進嵌於店內烹飪台上名為 Doria 的甕中，人們可以直接拿取或請人幫忙加熱。

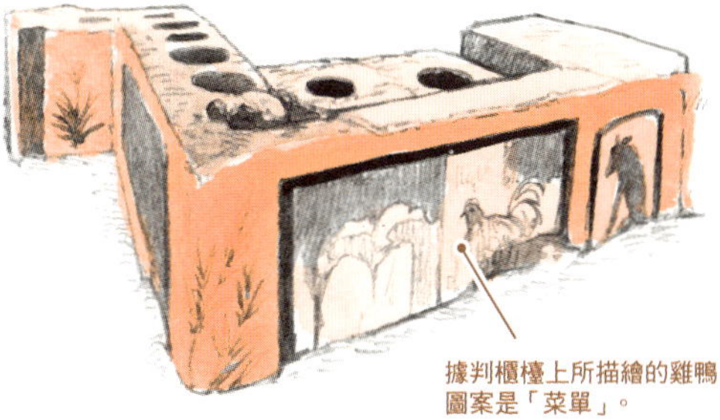

據判櫃檯上所描繪的雞鴨圖案是「菜單」。

圖拉真市場
（→P49）

下層區有酒館餐廳進駐，是史上第一座購物中心。據說羅馬人工作結束後都會往這裡聚集。如今已成為博物館。

美食家留下的古羅馬食譜

阿皮基烏斯是提比略皇帝時代的廚師，享有美食家之美譽，曾寫下適合富裕階層的食譜。還使用了紅鶴等當時相當罕見的食材。除此之外，在政務官老加圖（→P37）的《農業志》裡，除了傳授葡萄酒、乳酪蛋糕相似物等的食譜外，從當時故事作品中的描寫亦可了解古羅馬人的飲食生活。也有人針對以這些史料為基礎所重現的食譜進行研究，試著製作2,000多年以前所烹製的古羅馬料理來品嚐也別有一番樂趣。

粗麥粥的作法

❶用水燉煮大麥直到咕嘟咕嘟冒泡為止。
❷加入香草與橄欖油，進一步燉煮。
❸以葡萄汁、辛香料與蜂蜜等混合而成的醬汁加以調味。

材料

- 大麥
- 水
- 橄欖油
- 蒔蘿（香草）
- 胡椒
- 蜂蜜

等

富裕階層的宅邸

唯有上流階級住得起獨棟建築？

富裕階層的人們都是生活在平房或2層樓的獨棟建築中。這些住宅即所謂的多姆斯，隨著時代的推移，或設置中庭或增加房間數，逐漸演變成大豪宅。

穿過多姆斯的玄關，便會進入一個牆壁色彩鮮豔而地板覆滿馬賽克畫的宴客廳。中央有個儲水槽，據說是用來儲存雨水並作為生活用水。從設置於天花板上的窗戶引入天然光線。筆直穿過宴客廳，會有個主房位於多姆斯的中心區，再往內則可看到設有噴泉的中庭。噴泉奢侈地使用寶貴的水，為財富的象徵。隨著時代的變遷，按戶出售的住宅與日俱增，結果多姆斯的持有者僅限於大富豪。

人們也會在多姆斯舉辦宴會招待客人或談生意。多姆斯並非完全的私人空間，而是進行政治性或社會性談判的公共場所，亦可用以彰顯門第。

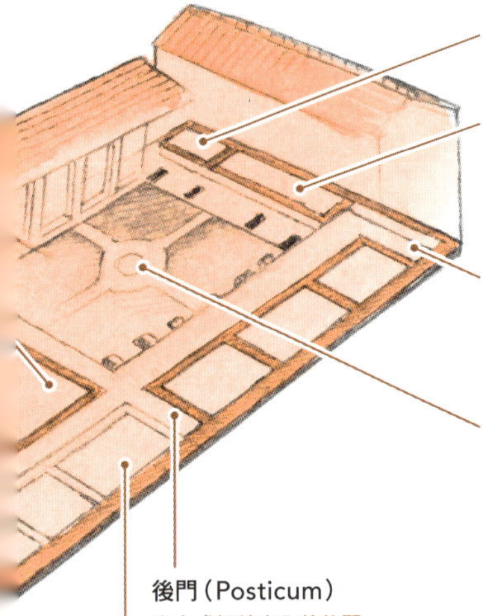

羅馬式廚房（Culina）
廚房。與下水道相連，廁所通常也設於此處。
座談間（Exedra）
設置於中庭，用以宴客的空間。
夏季用餐區
為了夏季在室外用餐而打造的躺臥餐廳。
列柱廊
被當作家庭休憩之所的中庭。是一個挑高且設置了花草與噴泉的開放空間。
後門（Posticum）
商人或奴隸出入的後門。
倉庫
除了倉庫外，還會作為圖書館等，是用途十分多樣的空間。

維提之家

壁畫十分迷人的豪華多姆斯。已模擬當時的樣貌修復了中庭，可實地參觀。

豎琴演奏者之家

坐擁3個中庭的大宅邸。設置於中庭的動物造型青銅像口中會湧出噴泉。

可享受鄉村生活的別墅（Villa）

許多富裕階層會在自然豐饒的地方建蓋別墅，經營橄欖或葡萄等的農園。屋主只會在夏季到訪別墅，平常由工作包住宿的奴隸負責管理。

哈德良離宮（→P109）

哈德良皇帝下令建造的別墅。除了農園外，還有劇場、圖書館與亭閣等30多座建築，腹地面積達1.2km^2。年久失修，不過遺跡至今猶存，已獲認定為世界遺產。

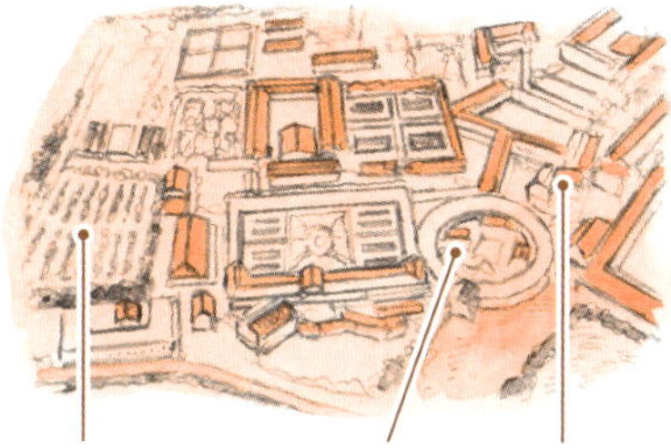

悲劇詩人之家（→P153）

規模雖小，卻是以中庭為中心的傳統多姆斯，辦公用主房與宴客廳已化身為畫廊。

農牧神之家（→P153）

有一幅著名亞歷山大大帝的馬賽克畫，為龐貝城中最大的多姆斯。從玄關進入，迎面而來的是一尊置於宴客廳的儲水槽中、有著山羊下半身的精靈法烏努斯雕像。

有中庭的住家「多姆斯」

富裕階層都住在豪華宅邸多姆斯中。設有訪客用的宴客廳與受希臘化文化影響的庭園。據說出於防止犯罪等原因，多姆斯中幾乎不設置窗戶。

主房（Tablinum）
主人談生意或處理文書工作的辦公室或客房。多設於宅邸中央而可展望整個住家。

躺臥餐廳（Triclinium）
用來舉辦宴會的食堂。

中庭（Atrium）
宴客廳。中央有個雨水儲水槽，挑高以便引入陽光與外部空氣。以形形色色的藝術品加以裝飾，僅白天開放所有市民進出。

通道（Andron）
指連接宴客廳與庭園的通道。

咽門（Fauces）
延伸至中庭的玄關。建得又窄又細，設置於從主房中可以看得到的位置。

個人臥室（Cubiculum）
中庭周圍的小房間，作為家人或奴隸的臥室來使用。有扇朝外的門，有時會作為酒館餐廳出租。

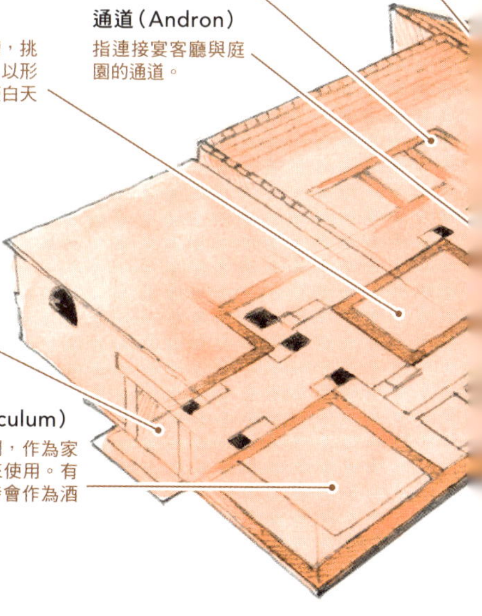

世界上最古老的高樓大廈

庶民住宅因蘇拉

住宅

2樓以上為居民的房間。高樓層較不方便又狹窄，加上是以木材打造而成，有火災或倒塌的危險，所以都是窮人居住。

街道與下水道

說到古羅馬，較強烈的印象便是鋪設整齊的石板路，但據說大部分道路都很髒亂且無人行道。所有生活廢水都是從街道兩側的側溝排入下水道。

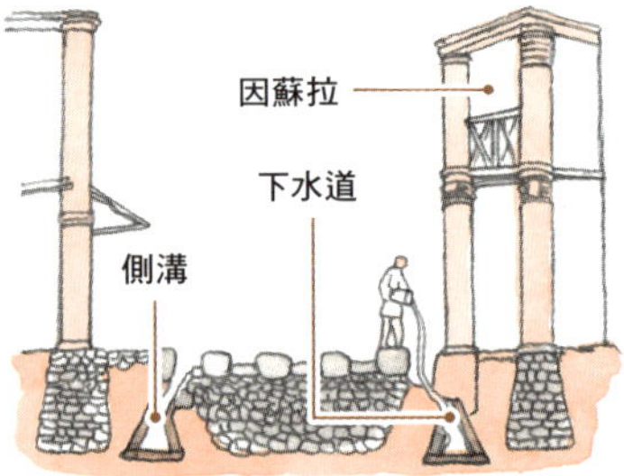

大多數人無法擁有多姆斯，而是租用一種名為因蘇拉（Insula）的集合住宅。因蘇拉一般為2層樓至7層樓不等，是類似如今所說的高樓大廈。古羅馬人口超過100萬人，這種建築被當作解決土地短缺問題的救世主而毫無計畫地建造，密集地沿著道路並排。

因蘇拉的下方樓層為基礎，是以堅實的磚塊與混凝土打造而成。另一方面，上方樓層則是使用木材等較輕的材料。然而，因蘇拉的經營者想要獲利，一再罔顧安全胡亂加蓋，試圖增加樓層與居民人數。結果為了避免倒塌，多次設置了高度限制。

大部分的羅馬市民都是租用因蘇拉，但是別說是浴室與廁所了，連廚房都沒有，基礎設施令人絕望，還面臨火災與倒塌的危險。更有甚者，因為從窗戶亂丟垃圾等狀況而與鄰居發生糾紛的事例也不少。如此所示，在因蘇拉裡的生活絕對稱不上舒適，據說很多居民回家只是為了回房睡覺。

密集並排於街道上的集合住宅：因蘇拉

所謂的因蘇拉（Insula），是意指「島嶼」的拉丁語，因其鼓起的外觀而得名。一般對因蘇拉印象較為強烈的便是庶民的住宅，不過有時也有富裕階層住在設有廚房與水道的低樓層。

留意頭頂

屋內會設置收集穢物或糞尿的水缸或甕，但是上方樓層的居民有時會嫌麻煩而從窗戶往下倒。據說有時還會丟棄鍋碗瓢盆等易碎物品。

共用汲水區

尚不具備將水道架設至3樓以上的技術，當然也就沒有廁所與浴室。飲用水與洗滌等生活用水皆利用共用汲水區。

1樓皆出租給各種外食店，用餐方便又便宜。

公共廁所為社交場所

庶民使用的是收費公共廁所。據說沒有大便專用的單間，坐著時會與附近的使用者交談。

Tersorium

排便後用來清理的海棉棒。

挖了洞的下方有用來儲存糞便的甕。一般認為許多公共廁所都建在公眾浴場附近，將廢水重新利用。

號稱可耐用2000年以上的羅馬混凝土

因蘇拉是以木材與黏土進行擴建，高樓層較為脆弱，低樓層則是使用磚塊與混凝土而構造較為堅固。當時的混凝土與現代不同，是以火山灰為主要成分並混合石灰與沙石等所創造出的古羅馬特有產物。這種羅馬混凝土也被用於羅馬競技場與有個巨大圓頂的萬神殿等古羅馬較具代表性的建築物中，使其外觀2,000多年來都維持不變。

①在模板中倒入一定程度的砂漿

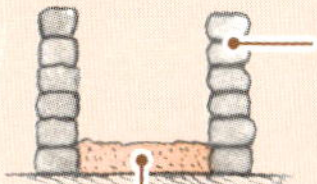
石子與磚塊等塑形材料
以火山灰、砂石與石灰等拌製而成

②將粗石與骨料鋪放在①的上方

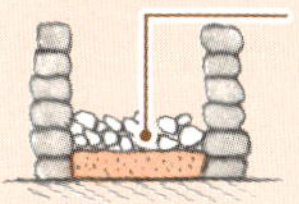
粗石與骨料

③將②埋進砂漿中（完成混凝土）

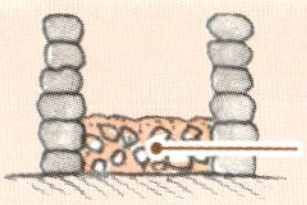
填滿縫隙而變得堅固

羅馬市民的一天

努力工作並盡情吃喝玩樂！

羅馬市民的一天始於黎明。起床後，全家會在名為神龕的祭壇處進行禮拜，吃完清淡的早餐後，便出門去向提供庇護的掌權者問好。此謂為禮節性拜訪。

古羅馬人都會締結私人的庇護關係，向擁有比自己更多財富或更高地位的恩主（Patronus，保護者）尋求生活援助，並提供勞動力或支持其政治活動作為回報。「麵包與馬戲團」也是基於這種互相扶助的理念而產生，在進行禮節性拜訪時，可得到津貼籃（食物或錢幣）。這些食物可以立即吃掉，或是留到明天以後吃，亦允許在市場上買賣。

據說大多數羅馬市民工作是為了賺取房租，職業類型繁多，包括零售業、餐飲業、服務業乃至工匠等。

12:00 前往廣場

在上午完成工作為精英的證明。很多市民會在工作結束後前往廣場吃午餐。在外食店填飽肚子後，有時會在廣場閒逛1天。

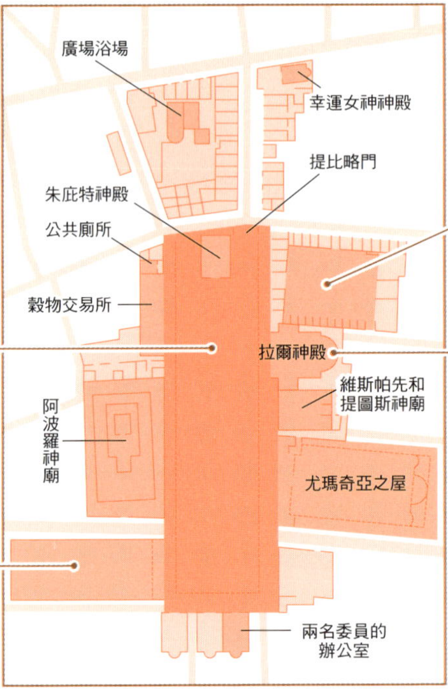

廣場浴場
幸運女神神殿
提比略門
朱庇特神殿
公共廁所
穀物交易所
拉爾神殿
維斯帕先和提圖斯神廟
阿波羅神廟
尤瑪奇亞之屋
兩名委員的辦公室

廣場

羅馬人聚集的公共廣場。禁止馬車通行，富裕階層會乘轎而行。乘坐轎子往返廣場為成功者的象徵。

巴西利卡

用作法庭或商業交易等的公會堂。

市場

除了食材外，還可買到羊毛與建築用石材等，應有盡有。

神殿

主神朱庇特與太陽神阿波羅備受敬仰，在神殿接受神諭為羅馬人生活的一部分。

龐貝城廣場的平面圖

公共設施、市場與神殿皆環繞著廣場而建，可見此地曾是政治、商業與宗教的核心地區。

Patronus
（恩主，保護者）
提供社會、法律與財政等援助的存在。

支援
介紹工作、在法庭上辯護、提供食物與金錢援助等。

支持
除了提供護衛或雜務等勞動力外，還會在選舉時投票以支持其政治活動。

Clientes
（被保護者）
地位低下或貧窮而應該受到掌權者保護的人。

高級肉店
因殺害生物使其流血而遭受鄙視。

木匠、鍛造師、鞋匠與專業的麵包師傅等，男性大多以工匠為業，女性則多從事美容師、紡織業等專業度高的職業。飲食相關工作的社會地位較低且受到歧視。

6:00 起床
在日出前被奴隸叫醒。

8:30 禮節性拜訪
早餐後，拜訪並向提供庇護的恩主問好。

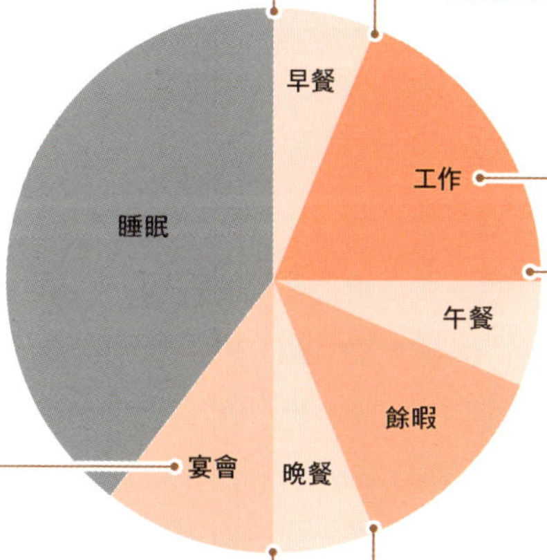
早餐
工作
睡眠
午餐
餘暇
晚餐
宴會

到了下午，人們會各自隨意地度過閒暇時光，比如在羅馬競技場沉迷於角鬥士、在劇場欣賞音樂與戲劇、參加賭博比賽等。據說其中又以骰子遊戲最令人瘋狂，不僅限於市民，連皇帝都熱中不已。

富裕階層會在多姆斯舉辦宴會（→P120），進行社交活動。有時也會邀請一般市民，據說有些人為了享用奢華的佳餚，會頻繁進出可與上流階級交流的公眾浴場（Thermae）。

18:00 就寢
一般市民會在晚餐後、日落前就寢。

16:30 前往公眾浴場（Thermae）
家中沒有浴池的一般市民會到公眾浴場洗澡。

骰子遊戲
除了類似雙陸般的桌遊、賭博猜測擲出的骰子數字等之外，骰子也被用於占卜。

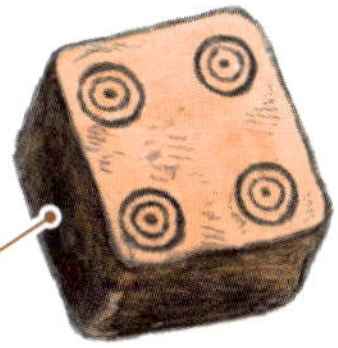

Alea
深受古羅馬人喜愛的骰子。

在上午結束工作？

市民的理想是，利用日出至午餐之間的4～6小時完成工作，午後則為閒暇時間。話雖如此，唯有富裕階層或居住在都市的市民才能實現這點，貧困階層與奴隸應該都是一直工作到日落。

奴隸制度

羅馬市民生活的後盾

長期征戰的古羅馬人會從戰敗國帶回戰利品，除了財寶、家畜與該國特產外，還包括被俘虜的士兵與敵國國民等戰俘。這些戰俘皆被視為奴隸，身強力壯的男性從事體力勞動，健康的女性則作為撐起家務、育兒與生活的勞動力。

在當時羅馬市民的認知裡，奴隸是「一種能說人類語言且具備實用能力的家畜」。奴隸在法律上被定義為「某人的所有物」，別說是買賣了，連殺害他們都構不上犯罪。倘若奴隸行為不端或犯下惡行，由主人酌情決定如何懲罰。婚姻也須經過主人許可，如果主人讓女性奴隸懷孕，她的孩子也會淪為奴隸。據判，1世紀左右的羅馬人口中，有3成是奴隸。

奴隸約占人口的3成

一般認為義大利的人口中有將近3成是奴隸，奴隸比例最高的當屬羅馬。在高盧、希臘等行省與東方，奴隸也占人口的20～30%，不過試著以整個帝國來看，則占10%左右。此外，奴隸的價格會依時代或奴隸的處境而異，當時成人男性為1,000塞斯特提斯（約等於一家四口一整年的生活費）。

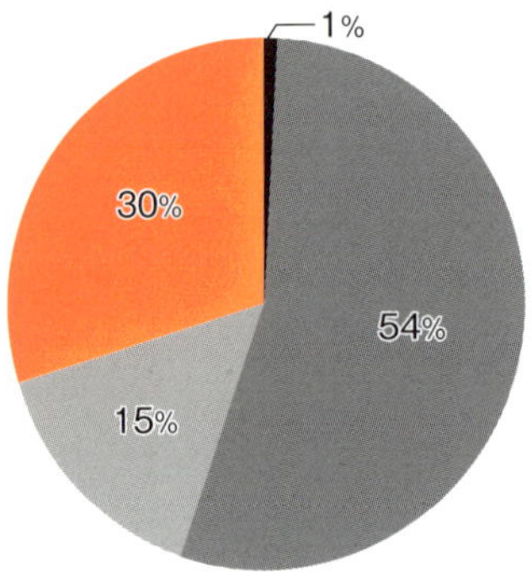
1%
30%
54%
15%

羅馬的人口比例（西元前1世紀左右）

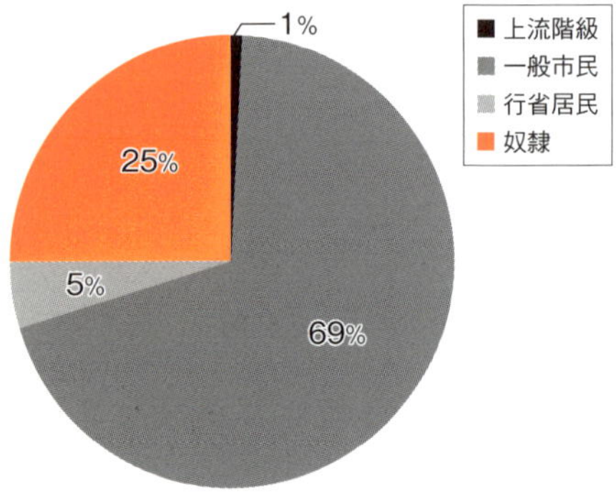
1%
25%
5%
69%
上流階級
一般市民
行省居民
奴隸

義大利的人口比例（西元前1世紀左右）

大量奴役奴隸的羅馬市民

元老院議員等貴族階級會僱用多名奴隸，指派他們打理周邊的一切事務。另一方面，一般市民也有可能購買奴隸，據說在帝政時期每人擁有1～2名奴隸已成常態。不過即便如此仍勞動力短缺，所以一般市民自身還是得勞作。

元老院議員

最受重視的政治機構的成員。由歷史悠久的名門貴族世襲。不會發放俸祿，且須累積一定資產才能加入，但是享有各種特權。

演說

元老院議員最重要的技能，一般是向受聘作為家庭教師的希臘人奴隸學習演說。

奴隸買賣為公共事務

奴隸可在公共廣場上所舉辦的奴隸市場或向奴隸商購買，從並排於拍賣台上的奴隸中品評挑選。

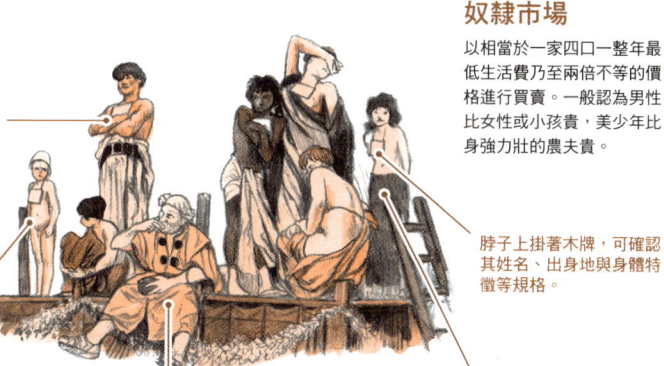

奴隸市場

以相當於一家四口一整年最低生活費乃至兩倍不等的價格進行買賣。一般認為男性比女性或小孩貴，美少年比身強力壯的農夫貴。

戰俘

受過良好教養的希臘人會被高價買走。另一方面，一般認為戰鬥力高的日耳曼人太粗暴而不受歡迎。非洲血統的黑人似乎較為罕見。

脖子上掛著木牌，可確認其姓名、出身地與身體特徵等規格。

生來奴隸

棄兒或女性奴隸的孩子等自幼接受教育的奴隸，對主人忠心耿耿不抱反抗心理，因此容易掌控而較受歡迎。

羅馬市民

有些市民是被賣給債務人抵債，有些則是因過著墮落生活後陷入貧窮而賣身。據說這類奴隸自尊心強而較難駕馭。

棄兒

帝政時期以後，棄兒成為奴隸的主要供應來源。將無力撫養的孩子賣給奴隸商是很普遍的。

奴隸的工作有階級之分？

所有麻煩的家事與雜務皆為奴隸的工作。由具備專業知識的奴隸擔任家庭教師或祕書，相貌姣好者則為娼妓等，身分地位不同，職業階級也有所不同，其中又以農夫與礦工的工作最為嚴苛。

奴隸也有階級之分

使喚大量奴隸時，會指派領導者來管束並監視其他奴隸。在郊外的農場，領導者須代替住在都市裡的主人管理農場業務，還會仲裁糾紛並懲處受罰者。

●為主人梳妝打扮

手巧的女性奴隸除了協助更衣外，還會為女主人梳妝打扮等。

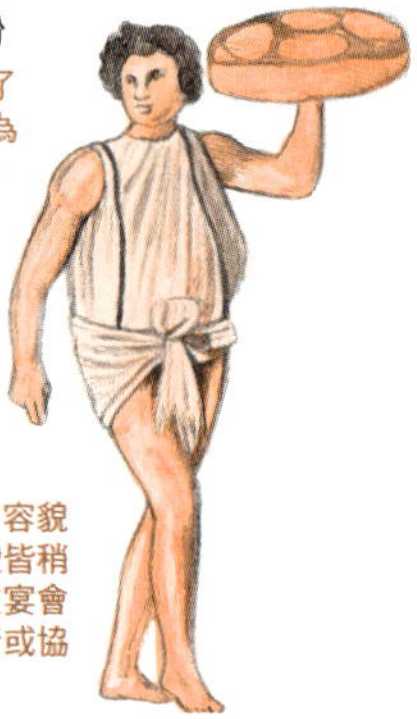

●侍者

不分男女，容貌秀麗的奴隸皆稍加打扮，在宴會上擔任侍者或協助用餐。

●家事員

做飯、洗衣、裁縫與打掃等，主要是由女性奴隸負責。

●男妓與娼妓

俊男美女會遭受性剝削。女性奴隸所生的孩子會被當成生來奴隸來教育，且大多會成為主人孩子的僕從。

●農夫與礦工

不具備美貌或智慧的男性奴隸會被迫在郊外從事體力勞動。農夫會被戴上腳鐐，礦工則被當作囚犯看待。

●家庭教師與祕書

受過良好教養的人除了擔任家庭教師教授學業外，還要協助主人的工作，比如代寫信件或計算帳本等。

羅馬人眼中的奴隸

即便是成年人，奴隸仍經常被描繪得如孩童一般。

付錢獲得自由的解放奴隸

只要將微薄的勞動報酬存下來，向主人繳納解放費後，即可從奴隸身分解放。解放奴隸被允許做生意，因此有些人累積了財富，有些人則擔任皇帝的祕書官等重要職務而掌握了權力。

愛比克泰德

希臘人哲學家，成為解放奴隸後，成為一名教師並開辦了學校，連哈德良皇帝都曾親臨。他將哲學宣揚為一種生活方式，以其說過的話彙整而成的《語錄》被廣為閱讀。

戰爭奴隸提升了古羅馬文明

古羅馬人不會否定並破壞被統治國的文化，而是認同其優越之處，並差遣具有算術或醫學這類高超技術的行省人，方便地運用其優勢。尤其是在學問方面，據說他們會向哲學造詣深厚的希臘人奴隸請教，從而提高了市民的智力水準。對古羅馬人而言，奴隸是日常生活中不可或缺的一部分，而戰俘則是支撐文化的技術力量。

奴隸的主要工作是照顧主人及其家人的生活，不過會算數或識字的人會被賦予家庭教師或祕書這類較好的職位。據說其中也有人擔任管理其他奴隸的監督職務。指派工作使其意識到自己的責任，藉此讓奴隸抱持著幹勁，同為奴隸但安排在不同的立場上，令其負責管理，試圖藉此壓制他們對主人的反叛心理。此外，有時還會根據工作增減飲食量，或是提供豪華餐點作為獎勵。絕非僅憑恐懼來管理。

為奴隸帶來另一種生存希望的是解放奴隸制度，只須向主人繳納解放費即可成為自由人。雖然微薄，但奴隸會得到報酬作為勞動的回報，只要孜孜不倦地存錢，一般都能存到足夠的解放費。然而，金額並無規定，一切取決於主人（持有者）的胸懷。有些情況下，只要忠心耿耿，用一小筆錢就能贖身，但若採取反抗態度，無論存多少錢都得不到解放。惹出太多麻煩的人則會被發賣成為角鬥士，與猛獸或角鬥士搏命奮戰的樣子淪為供人賞玩的奇景。

培育角鬥士奴隸使其自相殘殺

有別於被視為勞動力的家奴與農夫等，角鬥士奴隸被迫為了市民的娛樂而搏命奮戰。身強力壯的男性奴隸會得到武器並在培訓所進行戰鬥訓練，並在競技場上與角鬥士同伴或猛獸展開一場場殊死搏鬥。

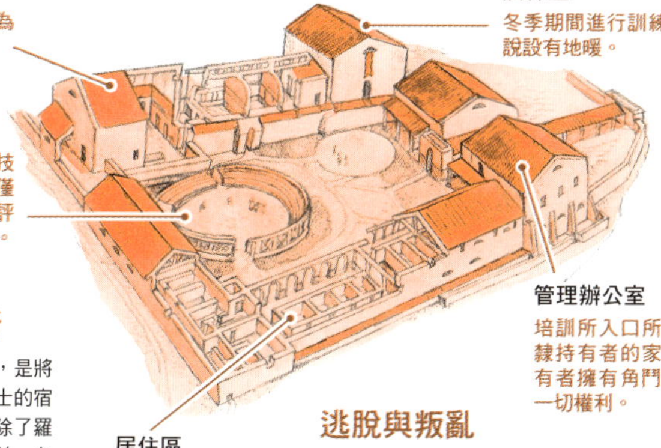

集會處
設有長桌與椅子，作為多用途空間來使用。

訓練室
冬季期間進行訓練的室內空間，據說設有地暖。

訓練場
訓練用的小型圓形競技場。從觀眾席上，不僅可進行指導，還能品評挑選要購買的角鬥士。

管理辦公室
培訓所入口所在的建築物，奴隸持有者的家人生活其中。持有者擁有角鬥士的生殺大權等一切權利。

居住區
角鬥士與訓練員的住所，房間的內部裝飾可以自由變更。

角鬥士培訓所

大多建於競技場周邊，是將訓練用的中庭與角鬥士的宿舍結合為一的設施。除了羅馬的羅馬競技場周邊外，在奧地利維也納的近郊也已發現遺跡。

逃脫與叛亂

經常發生角鬥士的逃脫或叛亂。斯巴達克斯起義（→P18）被視為古羅馬最大的奴隸戰爭，據說起因是斯巴達克斯所居住的角鬥士培訓所裡發生的一起70人規模的小型叛亂。

女性的生活與教育

在家父長制中摸索自由

以壓倒性軍事力量為背景發展起來的古羅馬是一個徹頭徹尾的父系社會，不適合從事軍務的女性則備受輕視。在當時男性的認知中，女性是膚淺的，經常使其居於父親或丈夫等家父長的附屬地位。

當時有許多法律限制女性的財產與行動，使其自由受到壓制，女性的主要任務便是與父親選定的對象結婚生子。雖然也有女性外出工作，但已婚婦女大多要操持家務並管理奴隸。

上流貴族的女性會接受初等教育而有優良涵養，其中有些會利用丈夫或兒子的地位而具備政治上的影響力。據說曾掀起一股「迴避伴隨著性命危險的生育，並認為育兒乏味且累人」的風潮，導致上流階級的女性離婚率較高。

人人可接受初等教育，並無性別限制

在共和制時期，家庭教育為兒童教育之基礎，據說會聘僱希臘人奴隸當男童的家庭教師。到了帝政時期，引進了初等學校，無關性別或身分，人人皆可參加授課，但唯有富裕階層的孩子能升上中學。

紙莎草
上課所使用的紙莎草主要是從埃及進口。
希臘人
希臘人在文化方面頗受尊敬，希臘語可謂上流階級的一門教養。

Ludus Litterarum（初等教育）

在7歲以上即可入學的初等學校裡，授課主要是背誦老師所朗讀的文章並讀寫字母。

閱讀與書寫

主要的授課內容是背誦老師所朗讀、紙莎草卷軸上的文章。

辯論術

此為政治家或律師等社會地位較高的職業不可或缺的技能，富裕階層的孩子從15～16歲開始學習。

算術

學習運用羅馬數字的簡單乘法與分數計算。如果是複雜的計算，有時也會使用算盤。

多種語言

除了拉丁語外，還要學習希臘語的文法。使用西塞羅（→P39）等的作品作為教材。

恭儉生活、養育子女的至高女性形象

女性生活於家父長的掌控之下，小時候服從父親，成年後服從丈夫。一般認為理想的女性便是恭儉持家並為國家生兒育女，結婚生子幾乎成了一種義務。此外，女性被排除在公共事務之外，連投票權都沒有，更別說擔任具有政治決策權的重要職務了。

結婚與離婚

結婚一般是由雙方父親所決定，且階級愈高愈常進行政治性聯姻，不過夫婦雙方皆可提出離婚，且無須經過法律程序。

尤利烏斯法律

由第一任皇帝奧古斯都所制定的法規，壓制了女性的自由。

●**通姦及婚外關係罪法**

用以管制女性的不忠行為。

●**正式婚姻法**

為了鼓勵生育，對無子女的夫婦施加罰則。

家父長

父親手握家人與持有奴隸的生殺大權，管領並支配全家。這種特權並無限制，即便兒子已成人且身居要職依然適用，女兒的支配權則在結婚後轉讓給丈夫，但離婚後又回到父親手中。

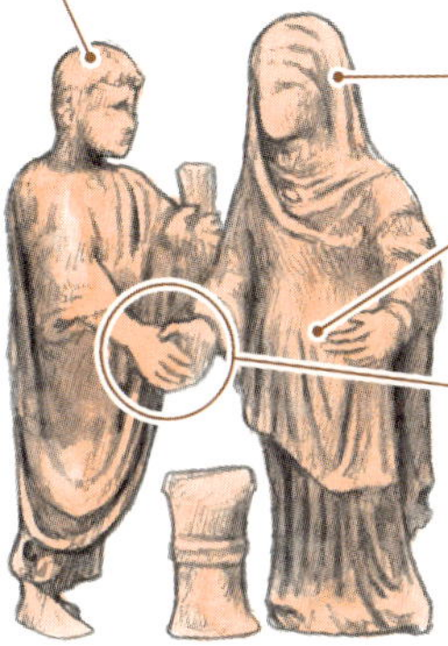

門第

結婚會受到身分或職業的限制，子女承襲母親的身分。

腰帶

腰帶為新娘嫁衣上的一部分，亦象徵與丈夫綑綁在一起。

右手交握

婚禮儀式會從「右手交握」開始，由伴郎伴娘將新郎新娘的右手交握，在結婚誓約書上簽名並交換戒指後，再於婚宴上享受美食與餘興節目。

在父系社會中活躍的女性

戰亂頻仍導致人手短缺，女性在公共事務上的作用逐漸擴大。她們還留下這樣的案例：發起示威遊行並成功暫時解除加諸於女性的限制。留名後世的女性大多為皇妃或有力政治家的妻子，不過據說庶民中也有一些女性在父系社會中工作，擔任專業麵包師傅或醫師等專業職業。

阿格里皮娜（→P46）

暴君尼祿的母親。被評價為為了野心不擇手段的惡女，但她受過良好的教養，據說她在尼祿統治的前5年擁有強大的影響力，是尼祿難得的善政時期。

塞姆普羅妮婭

小西庇阿的妻子，是科爾內利亞唯一沒有早逝的孩子。

格拉古兄弟（→P17）

科爾內利亞

大西庇阿的女兒。育有12個孩子，還承擔起兒子的教育，而這通常是父親的職責。她非常聰明，甚至開創羅馬第一個文學沙龍，還有人為她立了一幅肖像，讚譽她為賢母。有則軼聞指出，她的丈夫去世後，埃及法老王曾向她求婚，想迎娶她為王妃，但被拒絕了。

娼妓與性事

劈腿、同性戀與色情性愛令人著迷

古羅馬隨著領土的擴張而國家日漸繁榮，需要更多身強力壯的戰士，希望人們多多生育，故而認為「湧現的性衝動是來自神的恩賜」。因此，性慾與陽具被視為男子氣概的象徵，男性羅馬市民在性交方面幾乎不受任何限制。不分性別、年齡，甚至是否為人類都無所謂，即便是強制性交也不會受到懲罰。當然，據說劈腿或通姦早已成為家常便飯，連賣淫與妓院都得到官方承認。

然而，女性在婚前有義務保持貞潔，因為人們認為「感受到性快感不利於受孕」。據說丈夫殺害私通的妻子也無妨。然而，隨著國家穩定而人民生活富足，主要是富裕階層，開始認為快樂應優先於養育子女與維持家庭生計這些傳統的規範。受到這種整體社會性道德下降的影響，女性也開始享受自由的性愛，從而形成一種迴避生兒育女的風潮。為抑制此風氣，第一任皇帝奧古斯都下令制定了《尤利烏斯通姦及婚外關係罪法》，是將妻子通姦定為重罪的法律。

女性私通是違法的

女性在家父長的規範中被視為男性的所有物，此為禁止女性婚外性交的背景之一。此外，子女的身分承襲自母親，因此男性需要繼承自己血脈的女兒來保全氏族，這點也影響甚鉅。第一任皇帝奧古斯都下令制定了管束女性私通的《尤利烏斯通姦及婚外關係罪法》。

尤利烏斯通姦及婚外關係罪法

犯下通姦罪的女性會被處以重罪。有些人被流放且失去一半財產，還被禁止再婚。為了避免不慎接觸到男性，還針對公眾浴場的使用時間與劇場的坐席設定了限制。

奧古斯都的女兒茱莉亞

茱莉亞是奧古斯都唯一的親生女兒，一次次被迫嫁給父親視為繼承人的人物。茱莉亞明白自己是被利用來留下血脈，於是與丈夫以外多名不特定男性發生關係，其中還有與父親為敵對關係的人物，因為父親所制定的通姦罪而遭流放。然而，據說有市民對她表示同情。

2杯葡萄酒就能買下一名娼妓

要求妻子生兒育女，向娼妓尋求性愛與快樂，這是男性羅馬市民的常識。雖然也有身為皇妃卻身兼娼妓的異類，不過娼妓幾乎都是奴隸，以相當於2杯葡萄酒的2阿斯（硬幣）即可購得。

龐貝城裡的Lupanare（妓院）

有2層樓，在1樓接客。房間內只擺設了石床，沒有窗戶。據說妓院是猶如休閒設施般的存在，在某些情況下，公眾浴場甚至也能供人購買娼妓。

住宅

經營者與奴隸住在2樓。

客室

室內的壁面裝飾著充滿肉慾的濕壁畫。顧客會在房間牆上留下「我來過、我做過、我離開」之類的塗鴉或造訪日期，當作來店的證明。

辨識標記

據說龐貝城市街的市中心、錯綜複雜的街道一角，有個妓院密集的區域。街道的石板路上刻有男性的象徵符號，標示出通往妓院（Lupanare）的路線。

宗座鈴（Tintinnabulum）

一般認為鈴聲具有驅邪的力量，結合陽具形狀的風鈴經常裝飾於庭園或玄關。為了提高效力，除了翅膀外，有時還會將獅子或狼等動物的腳或尾巴加在陽具上。

陽具為驅邪的護身符

在古羅馬，人們相信生殖能力可帶來多子多孫，從而使國家繁榮昌盛，而作為象徵的陽具則可帶來好運並驅逐惡靈。生殖之神普里阿普斯也備受崇敬，被描繪成具有明顯勃起的陰莖。他身為葡萄園的守護神，亦掌管豐收與財富，在壁畫或銅像中也是相當受歡迎的主題。

皇帝也沉迷不已的美少年男妓

在某些情況下，富裕階層會隱瞞身分去光顧妓院，但是正如皇帝卡利古拉在宮廷內開設妓院般，也有少數專為富裕階層而設的高級妓院。此外，男妓比娼妓還要昂貴，美少年曾是高級奢侈品。據說哈德良皇帝曾寵愛男妓安提諾烏斯。

古羅馬的同性戀實況

據說當時的人們認為同性戀與異性戀一樣自然，甚至沒有用以表達的詞彙。不過如果是男性，性交對象的身分必須比自己還低，長大而身體變得健壯後，就不能再當男妓。女同性戀的資料寥寥無幾。

哈德良皇帝的情人安提諾烏斯

安提諾烏斯曾備受哈德良皇帝寵愛，在陪同至埃及視察的旅途中，不幸在尼羅河溺斃。哈德良為此傷心欲絕，將其神化為埃及冥王奧西里斯的侍從。據說還在尼羅河沿岸建造了以安提諾烏斯命名的城鎮。

眾神與信仰

揉合其他民族的神祇並平和地發展

羅馬也接納了東方國家的眾神

埃及的豐收女神伊西斯在羅馬備受女性與解放奴隸喜愛，並於龐貝城等處建造了神殿。

獅身人面像（斯芬克斯）

以半人半獅的外表為人所知的金字塔守護神，在美索不達米亞化身為女神的樣貌，經由希臘流傳開來。

朱鷺

此鳥為智慧之神托特的象徵。托特作為掌管神祕文化的魔法之神而備受信仰。

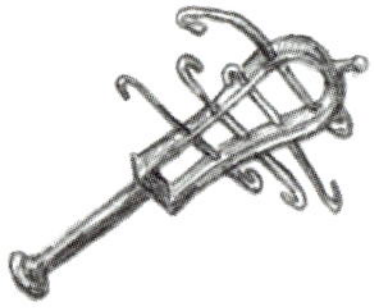

叉鈴（Sistrum）

是一種搖動就會沙沙作響的樂器，用於驅邪或宗教儀式。

伊西斯信仰與宗教儀式

伊西斯信仰的宗教儀式都是在添加埃及風格的裝飾而充滿異國情調的神殿裡舉行，既莊嚴又神祕。伊西斯被視為賢妻良母的典範，主要為女性所信仰，與後來的聖母瑪麗亞崇拜息息相關。

人們經常將羅馬眾神與希臘神祇混為一談，不過祂們本來就是不具備豐富個性或事蹟而近似精靈的存在。對於信仰這類模糊存在的古羅馬人而言，藝術性高的希臘神話與人性化的希臘神祇想必顯得別具魅力。古羅馬人完整地引進希臘神話，並將希臘神祇與羅馬神祇結合起來，逐漸發展出獨樹一格的信仰。

此外，古羅馬人對希臘以外的其他民族的神祇也頗為寬容，還接納了埃及與波斯等的宗教與信仰。一般認為此舉的目的在於透過允許信仰自由來避免被統治國的反彈。其中又以波斯所信仰的太陽神密特拉在羅馬也大受歡迎。

古羅馬人相當重視神祇所下達的神諭。人們會日常性造訪神殿，從國家危機乃至個人煩惱，向神尋求方方面面的建議。信仰也逐漸對政治造成影響，在帝政開始後，皇帝還兼任最高神職人員。甚至開始將曾留下豐功偉績的皇帝神化。

對羅馬神祇造成影響的希臘眾神

古羅馬人一直很尊敬希臘的文化，並完整地將希臘眾神與文化融入羅馬神祇之中。與在掌管的事物與地位上有共通點的希臘神祇等同視之，藉此為抽象性的羅馬眾神賦予特有的形體、姿態與軼事。

瑪爾斯（Mars）

羅馬的戰神瑪爾斯被視為年輕人的理想形象而受到信仰。軍隊在古羅馬至關重要，也要求瑪爾斯須具備威風凜凜的將軍之姿。

羅馬神祇		希臘神祇
名稱	概要	（英語名稱）
朱庇特	眾神之王、天空之神、三主神之一	宙斯（Jupiter）
茱諾	眾神之后、三主神之一	赫拉（Juno）
密涅瓦	智慧女神、三主神之一	雅典娜（Minerva）
涅普頓	海神、水神、馬神	波賽頓（Neptune）
黛安娜	樹木之神、狩獵之神、月神	阿提密斯（Diana）

阿瑞斯（Ares）

希臘戰神阿瑞斯所掌管的是瘋狂與破壞這類戰爭的負面方面，在風俗沉穩的希臘備受厭惡。

羅馬神祇與希臘神祇如出一轍？

並非所有神祇皆如主神宙斯與朱庇特這般可順利配對，有些是像戰爭女神雅典娜與智慧女神密涅瓦般略為勉強地連結在一起，有些則如戰神阿瑞斯與瑪爾斯般印象為之一變。

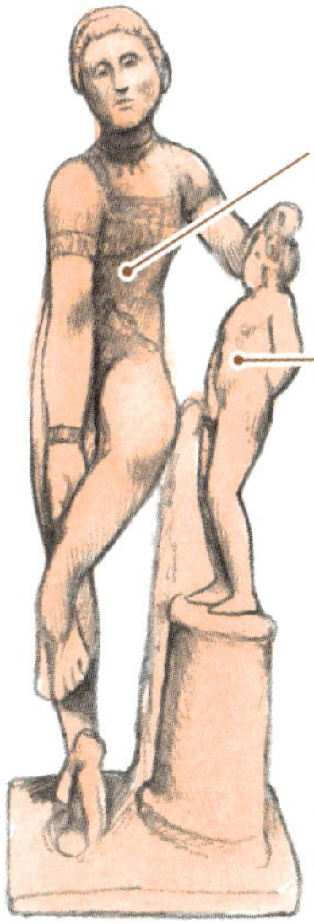

維納斯（Venus）

掌管春天的羅馬神祇，視同掌管美麗與愛情的希臘女神愛芙羅黛蒂（Aphrodite）。凱撒將維納斯視為自己家族的氏神（地區守護神），因而開始與皇位有所關聯。

邱比特（Cupid）

愛神。視同希臘神祇厄洛斯（Eros），為身強力壯且有翅膀的青年，卻被幼化為維納斯之子，後來與基督教的天使有所關聯。

獻上貞潔侍奉神祇的維斯塔貞女

所謂的維斯塔貞女，是指侍奉爐灶女神維斯塔的巫女。會從上流階級的少女中抽籤選出6人，發下守貞誓言並致力確保聖火不滅。服侍滿30年後會被授予各種權利。是不遜於最高神職人員的榮譽職位，也是古羅馬女性唯一可出人頭地的工作。

維斯塔（Vesta）

田地的守護神，亦為爐灶女神，與希臘的爐灶女神赫斯提亞（Hestia）連結起來。在沒有街燈的古代，火可照亮黑暗並加溫食物，被視為是神聖的存在。

喪葬儀式與墳墓

生命轉瞬即逝，死後皆歸於無

古

羅馬人認為「死亡」即「回歸於無」。據判當時的平均壽命約為20歲至25歲，嬰兒死亡率超過30歲。庶民皆處於慢性營養失調的狀態，且生活在惡劣的環境之中，故而在日常生活中應該有不少瞬間都做好了死亡的覺悟。反正遲早一死，不如享受當下，從上流階級享樂式的生活中亦可窺見幾分達觀的生死觀。

此外，人們認為，即便靈魂得以存續，也不會維持亡者的人格，對「靈魂不滅」的概念似乎興趣缺缺。正因如此，他們格外在意現世的名譽，相當重視刻有名字的墓碑。他們相信如果沒有好好哀悼，亡者會變成惡靈，因此不分階級都會舉辦喪葬儀式並修建墳墓，據說每逢宗教儀式或紀念日便會在家族墓地舉辦宴會，為亡者供奉食物。

將渡過冥河的費用含在嘴裡後下葬

儘管是個身分差距甚大的社會，墓碑卻無貧富之分，即便是奴隸，也會確實刻有名字。據說沒有陪葬品的習慣，但下葬前會讓亡者口中含1枚硬幣作為渡過冥河的費用。富裕階層還會使用以大理石或石灰打造而成的棺木，據說他們相信這樣可以讓遺體更快化為白骨。

墓碑

墓碑上會刻著名字、遺言與逝者的肖像。已有現成的墓碑出土，由此判斷當時已有專門製作墓碑的石匠。

dis manibus

意思是「致陰間眾神」，縮寫為「DM」，放在墓碑銘的開頭。「NFF NS NC（我不曾存在，我曾存在，我已不復存在，我不在乎）」也經常被刻在墓碑上。

喪葬儀式

不同的階級會有所差異，如果是上流階級，會舉辦盛大的喪葬儀式。

❶確認死亡後，家屬會齊聲呼喊亡者的名字。
❷遺體會經過仔細清洗並上妝，全身則塗滿香油。
❸讓亡者在嘴裡含1枚硬幣，作為給冥府渡船人卡隆的渡河費，之後便放置直到埋葬日。
❹將遺體放置在喪葬儀式專用的轎子裡，運往墓地。如果是有權有勢者，則會聚集大批觀禮者，還會邀請哭喪女與樂師，盛大地送行。
❺在墓地將遺體放入棺木或骨灰甕中，接著埋進土裡。窮人則直接下葬。

「死亡」會平等地造訪每一個人

古羅馬的平均壽命短且嬰兒死亡率高，死亡會理所當然地造訪每一個人，不分貧富。人們的生死觀為「死後便會回歸於無」，即便戰勝敵國或享用豪華大餐的當下，仍會時刻意識到死亡的陰影。

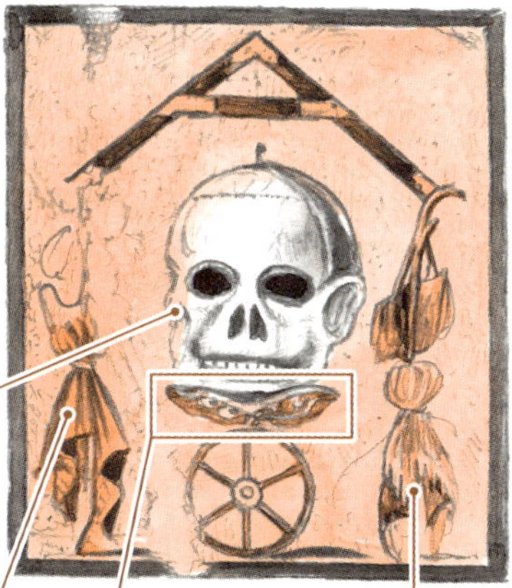

骷髏

經常用來表示死亡或死亡象徵的圖案。

笏與斗篷

象徵財富與權力。在此表示上流階級或富裕階層。

蝴蝶

用來隱喻虛幻無常。

權杖與背包

描繪為貧窮或窮人的象徵。

「死亡象徵」

從宴會廳挖掘出來的馬賽克畫。所謂的memento mori是拉丁語，譯為「勿忘人終有一死」，在古羅馬被視作一種警語。陳列已征服的土地的戰利品來舉辦凱旋遊行時，會讓跟在將軍身後的僕人說出來，亦經常作為藝術的主題。

金字塔裡有麵包窯？獨樹一格的巨大陵墓

皇帝與執政官等上流階級會修建巨大的陵墓，不過其中也發現一些發家致富的解放奴隸的墓地。

埃裡歐西斯斯的麵包窯

模擬Panarium（麵包窯）打造而成，是以麵包師傅之姿獲得成功的解放奴隸埃裡歐西斯斯（Eurysaces）的墓地。一般認為上下各開了3個圓孔的部位是代表麵粉量器或揉麵團的容器。

塞斯提烏斯金字塔

執政官塞斯提烏斯下令建造了高約37m的金字塔型巨大陵墓。外側以白色大理石加以裝飾，現有紀錄顯示，後任教宗亞歷山大七世曾下令翻修。

哈德良的聖天使城堡

五賢帝之一哈德良的陵墓。直到卡拉卡拉大帝為止的歷任皇帝骨灰皆匯集於此。文藝復興時期後經翻修的樣貌至今猶存。

COLUMN⑤

偉大學者所留下的書籍

老普林尼的《博物志》

羅馬深受希臘的影響，連學問也有所發展。其中蓋烏斯・普林尼・塞孔杜斯以偉大的博物學家之姿為人所知。

老普林尼是維斯帕先皇帝的親信，在其身邊撰寫《博物志》。這部《博物志》是根據老普林尼之前的學者的研究成果及他本人的調查所創建的百科辭典，一共多達37卷。彙整了各種與自然相關的事物，比如動植物與礦物等的特色與飼育方式、宇宙的構造或天體運動、風與雷等氣象現象等，其中還含括獨角獸與天馬等虛構生物的相關詞條。

此外，還記錄了農作物培育方式、藥草功效與貴金屬開採方式等實用內容。

《博物志》中所記載的不僅限於與自然科學相關的事物，還涵蓋了歷任皇帝的生活樣貌、地中海周邊乃至中國的地理、當時羅馬人的文化與風俗習慣等人文學的範疇。

西元79年，撰寫這部《博物志》的老普林尼死於一夜之間摧毀都市龐貝城的維蘇威火山大爆發。他可能是為了救人或觀察這場史無前例的災害，死因是靠近災區而吸入火山氣體。

姪子的名字也叫普林尼，因此稱他為「老普林尼」來加以區分。
他也是一名海軍提督，維蘇威火山爆發時曾率領救援船。

《博物志》的內容

《博物志》所涉及的內容五花八門，包括生物、礦物、農學、醫學、歷史、地理、風俗與藝術等。

卷數	內容
1	序言、目錄與參考研究者名單，獻給後來的羅馬皇帝提圖斯
2	宇宙與氣象現象
3～6	地中海世界等各地的氣候與地形等
7	關於凱撒等偉人的的生活樣貌、人類的一生（出生與死亡）等當時的文化
8～11	動物的生態、人類的身體構造
12～17	植物的生態與栽培方式
18～19	農耕方式與作物的相關軼事
20～27	植物（尤其是藥草）的功效與藥物的製法
28～32	如何製作從動物身上提取的藥物及其功效、疾病的種類及其應對之法
33～37	針對金屬、礦物、貨幣與寶石進行藝術家及其作品的介紹、建築物的介紹

第 6 章

甦醒的都市
龐貝城

維蘇威火山爆發

火山爆發的悲劇與挖掘調查

龐貝城是位於義大利那不勒斯近郊的都市，目前人口約為2萬人。遺跡已登錄為世界遺產，至今仍持續挖掘中。
火山灰與火山礫從天而降，熔岩流順著斜坡流淌而下。
面向那不勒斯灣的龐貝城。位於維蘇威火山的南側。
瞬間就有高達6m的火山灰落下並堆積於龐貝城的街道上。

羅馬帝國的古都龐貝城坐落於義大利那不勒斯的近郊。眾所周知，該城因為維蘇威火山爆發而遭毀滅。

在當時龐貝城人們的認知裡，維蘇威火山是「俯瞰城鎮的巨大山丘」，卻少有人知道這是一座火山。山頂上樹木成林，山腳斜坡上則有大片葡萄園與橄欖園。龐貝城中有不少貴族憑藉葡萄酒產業致富，維蘇威火山對市民而言也是一座支撐產業而熟悉不已的山。

然而，西元62年出現悲劇的前兆。義大利半島內陸地區發生了大地震，龐貝城處於毀壞狀態（龐貝城地震）。在重建工作尚無進展的情況下，地震17年後的西元79年8月24日，維蘇維火山發生大爆炸。突然響起爆炸聲後，維蘇威火山山頂上噴發出火山灰與火山礫等，落在龐貝城鎮上。

事發突然，人們根本來不及避難。短短一夜之間便被埋於高達6m的火山灰之下。約1萬人居住的都市就此覆滅。其後約2000年期間，龐貝城便封存在火山爆發的那瞬間，一直沉睡在地下。

龐貝城的考古

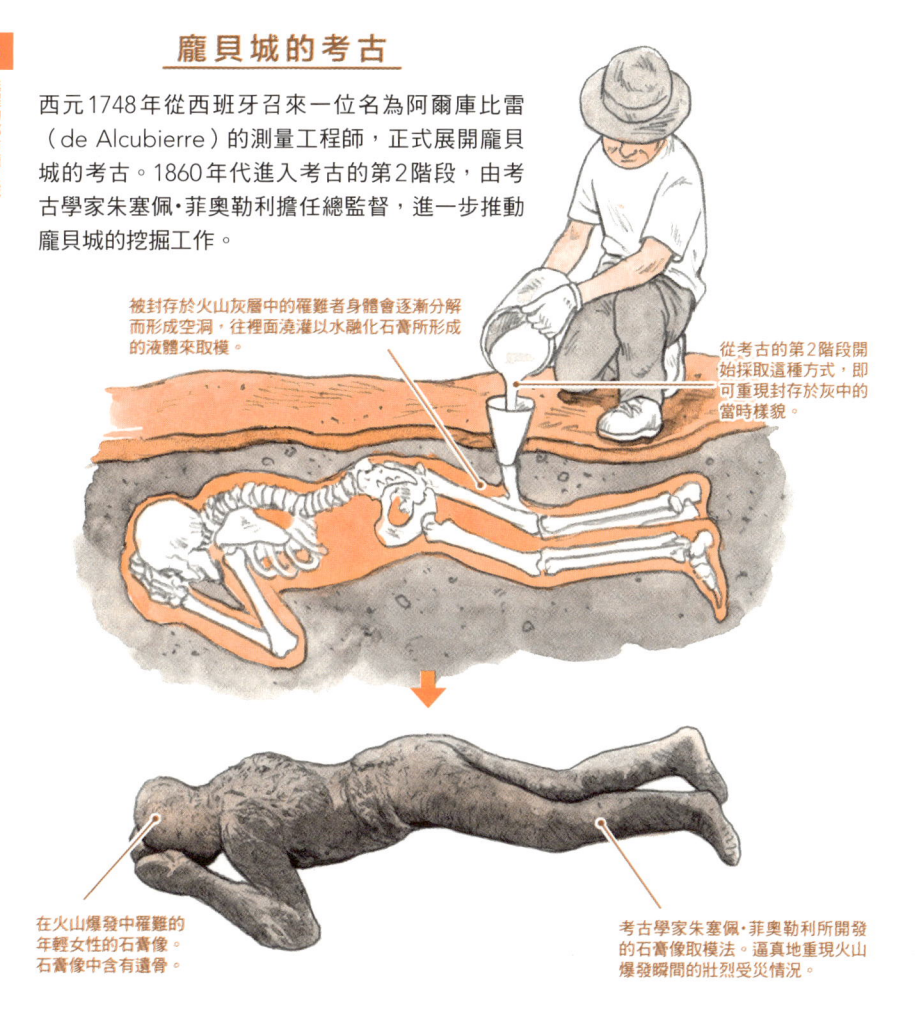

西元1748年從西班牙召來一位名為阿爾庫比雷（de Alcubierre）的測量工程師，正式展開龐貝城的考古。1860年代進入考古的第2階段，由考古學家朱塞佩‧菲奧勒利擔任總監督，進一步推動龐貝城的挖掘工作。

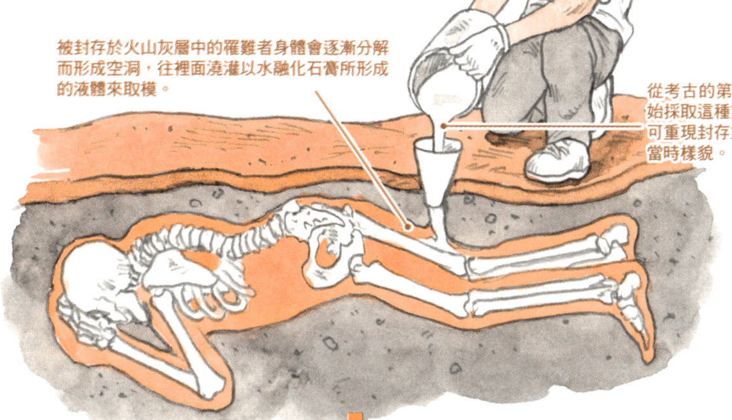
被封存於火山灰層中的罹難者身體會逐漸分解而形成空洞，往裡面澆灌以水融化石膏所形成的液體來取模。
從考古的第2階段開始採取這種方式，即可重現封存於灰中的當時樣貌。

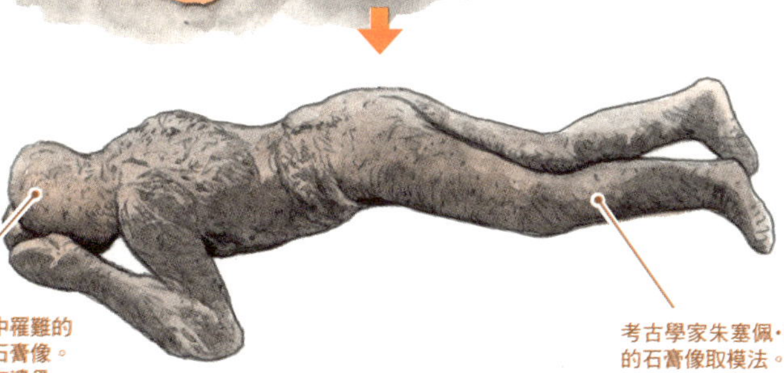
在火山爆發中罹難的年輕女性的石膏像。石膏像中含有遺骨。
考古學家朱塞佩‧菲奧勒利所開發的石膏像取模法。逼真地重現火山爆發瞬間的壯烈受災情況。

各種出土物

麵包

已碳化的麵包。切成8等分的這種形狀似乎很典型。當時的龐貝城中有多達34家麵包店。

鍋子

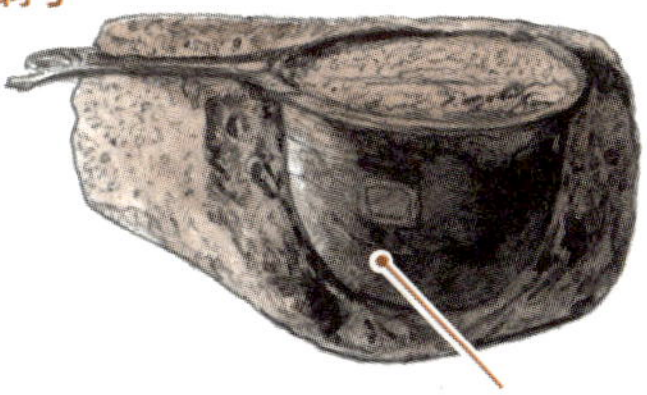

已出土的青銅製單柄鍋。在與凝灰岩結合的狀態下被發現。

龐貝城的都市計畫

整頓作為都市的各種機能

龐貝城位於坎帕尼亞地區維蘇威火山的南側。與其它古羅馬的都市一樣，都是呈南北向與東西向道路垂直相交的構造，井然有序的棋盤式地區規劃為其特色所在。道路以石子鋪砌得很整齊，還修建了行人穿越道與公共水道等設施，當時都市設計的水準之高可見一斑。

在都市計畫方面，羅馬的影響並不大。然而，龐貝城在西元前91～前88年的同盟市戰爭中向羅馬投降後，便循序漸進地承襲羅馬的文化與制度等，都市的便利性也有所改善。

此外，龐貝城中將公共設施與住宅區劃分為不同區域。位於西南部且地處都市中心的公共廣場Forum周邊、南部的三角廣場周邊，以及東南部的圓形競技場周邊，主要的公共設施大多集中於這3個區域。

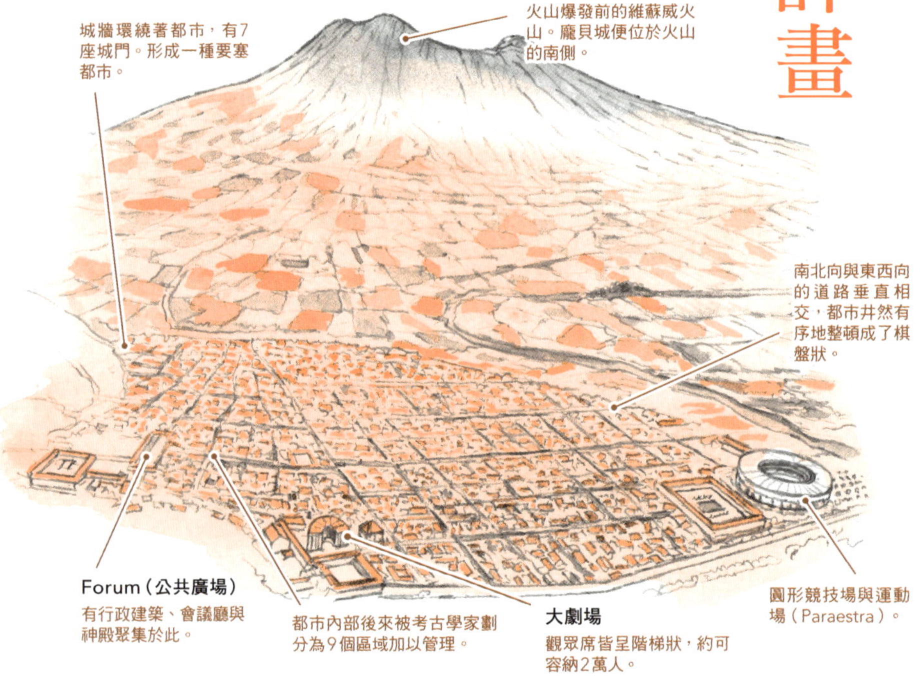
城牆環繞著都市，有7座城門。形成一種要塞都市。
火山爆發前的維蘇威火山。龐貝城便位於火山的南側。
南北向與東西向的道路垂直相交，都市井然有序地整頓成了棋盤狀。
Forum（公共廣場）
有行政建築、會議廳與神殿聚集於此。
都市內部後來被考古學家劃分為9個區域加以管理。
大劇場
觀眾席皆呈階梯狀，約可容納2萬人。
圓形競技場與運動場（Paraestra）。

龐貝城的公共設施

龐貝城的公共設施具備古羅馬都市的基本構造。龐貝城東南部有一座巨大的圓形競技場與運動場（Paraestra）。

圓形競技場與運動場

龐貝城的圓形競技場是現存最古老的競技場。這座圓形競技場與運動場相鄰。

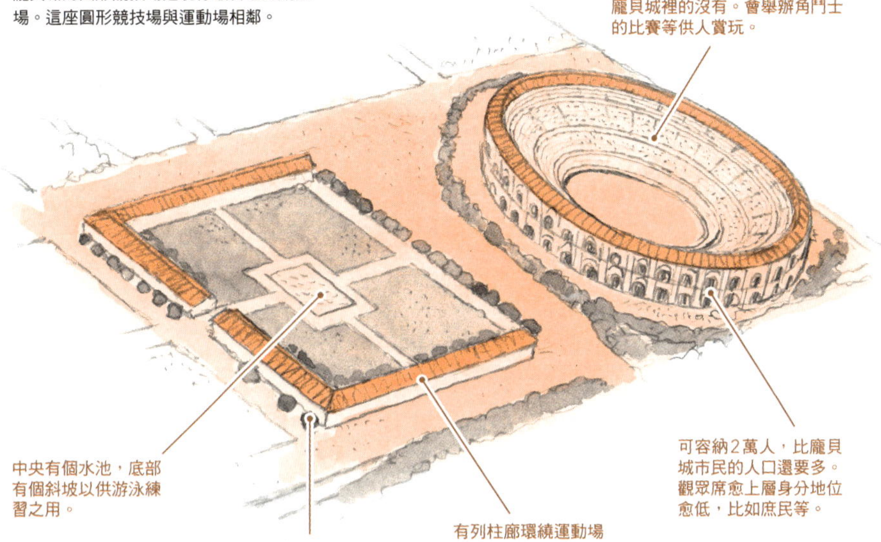
羅馬的圓形競技場有地下室，但龐貝城裡的沒有。會舉辦角鬥士的比賽等供人賞玩。
中央有個水池，底部有個斜坡以供游泳練習之用。
大小約為140×140m。
有列柱廊環繞運動場四周。
可容納2萬人，比龐貝城市民的人口還要多。觀眾席愈上層身分地位愈低，比如庶民等。

巴西利卡

巴西利卡曾是經濟的核心地區。發揮著商業設施與市民法庭等作用。

龐貝城的公共設施中最古老的建築。據判規模約為55×24m。

將車道與人行道劃分開來的街道

道路分成人行道與車道來鋪設，人行道比車道高約30cm。車道上留有車轍痕跡，顯示曾有馬車在此奔馳。

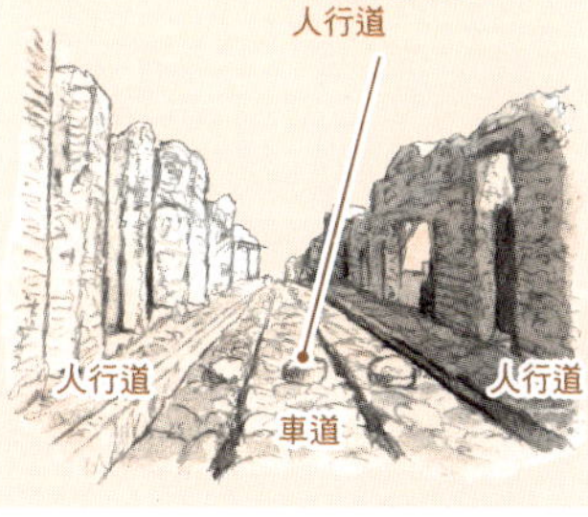
鋪設踏腳石的人行道
人行道
人行道
車道

公共設施的熱鬧景況

象徵著龐貝城作為都市的繁榮

各種公共設施皆集中於龐貝城的西南方地區。其中以稱為Forum的公共廣場格外熱鬧。該廣場為宗教、經濟與政治的核心地區，市民與旅客等龐貝城裡的每一個人都會造訪此處。現存的長方形廣場是於西元前3～2世紀左右整頓而成。廣場上有列柱並列成排，商販在連接起柱子的走廊（門廊）上陳列商品。該廣場禁止馬車駛入，形成人來人往的行人天國。

背倚著維蘇威火山，支撐人們生活的公共設施林立於廣場四周。廣場西側有阿波羅神廟與經濟中心巴西利卡，北側有朱庇特神殿，其後方有廣場浴場。龐貝城裡還有斯塔比亞浴場等多座公眾浴場。

門廊（Portico）

走廊。據說商人會在此處陳列商品。

熱鬧非凡的廣場，猶如龐貝城繁榮之象徵。另有三角廣場等類似的設施。

Forum（公共廣場）

廣場周邊有神殿、巴西利卡與浴場等設施並排而立，只要來這裡就能辦妥任何事務，因此總是充滿市民，而顯得熱鬧滾滾。

Forum是一座大小約為38×142m的廣場。

支撐著市民生活的公共設施

龐貝城的市民會利用各式各樣的公共設施，過著舒適的生活。其中市民較為熟悉的是阿波羅神廟與浴場。

阿波羅神廟

據推測是建於西元前6世紀左右。是龐貝城中最古老的宗教中心，但是當市民心中不再信奉阿波羅信仰後，便被朱庇特神殿取而代之。

「拉弓射箭的阿波羅」的青銅像。阿波羅原本是出現在希臘神話中的宙斯之子，為藝術與技藝之神。此外，祂也是牧羊人的守護神。
四周環繞著由48根圓柱所構築而成的四邊形柱廊庭院（Quadri Portico）。

廣場浴場

鄰接廣場的浴場。每一個浴池都有很多人聚集，身分不拘。在入口處將男女區分開來，男性浴場的面積較大。

承水池的另一側有浴池。
熱水浴室中的承水池。會冒出溫水與蒸氣。人們會在此暖身，等待浴池空出來。

斯塔比亞浴場

龐貝城中最古老而較具代表性的浴場。位於廣場等公共設施集中區的東側。流程似乎是先在溫水浴室裡讓身體暖和起來，泡完湯後再洗個冷水澡。

冷水浴室（Frigidarium）。泡完熱水浴後才進入。
圓形天花板與牆壁上有壁龕（Niche），繪有海洋動物。

市民的住宅

私人宅邸為特權的證明？

留

存於龐貝城裡的遺跡中，個人宅邸的保存狀態十分良好，從室內裝飾與家具等可詳細了解當時的生活樣貌。擁有個人宅邸是居住在龐貝城的富裕階層的特權。

宅邸的構造相當多樣，不過龐貝城的宅邸一般為中庭型。

穿過廊狀玄關後，便進入宅邸中心區的中庭（宴客廳）。中庭後方大多設有主房（客廳）。此外，有以圓柱圍繞果樹園所形成的列柱廊（中庭），其四周有客廳或臥室等私密的房間及食堂等並列成排。重要房間的牆上有畫作，地板上則鋪了馬賽克裝飾。中庭型的宅邸為2層樓構造，亦為一大特色。

中庭型的宅邸

寬廣的宅邸也成了展示屋主財力與地位等的一種手段。

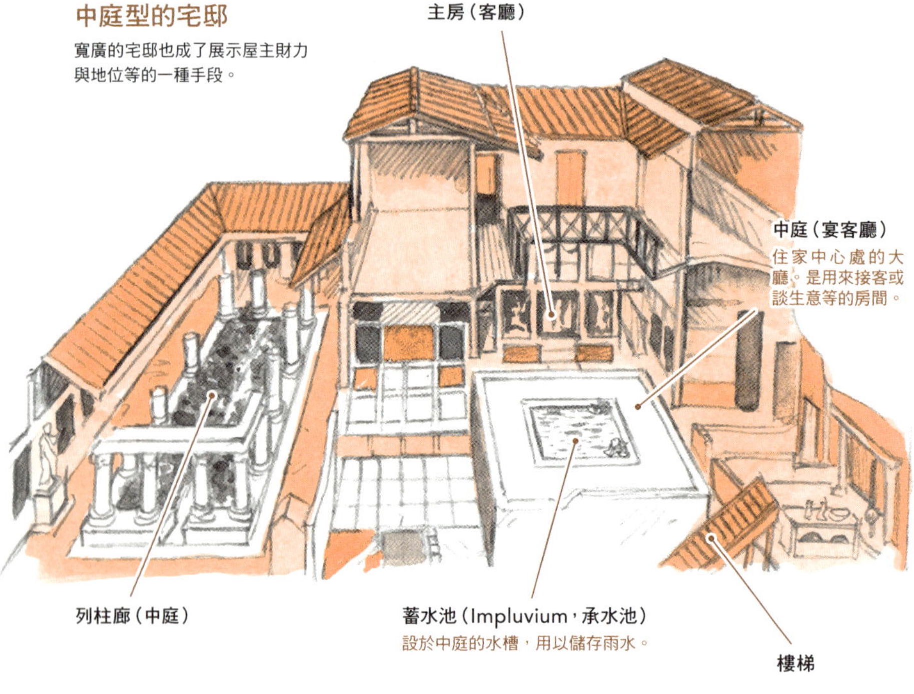
主房（客廳）
中庭（宴客廳）
住家中心處的大廳。是用來接客或談生意等的房間。
列柱廊（中庭）
蓄水池（Impluvium，承水池）
設於中庭的水槽，用以儲存雨水。
樓梯

遺留於龐貝城中的各種宅邸

出土時仍完整保留著當時宅邸的構造、裝飾與家具等。其中特別具代表性的宅邸有二，即「農牧神之家」與「悲劇詩人之家」。

農牧神之家

龐貝城的個人住宅中規模最大的。中央有座法烏努斯（牧神）的青銅像，為其名稱之由來。

後方的座談間（用來交談的空間）中，有一幅描繪亞歷山大大帝與大流士三世交戰的馬賽克畫。
各有2座中庭（宴客廳）與列柱廊（中庭）的大豪宅。宅邸內飾有形形色色的馬賽克畫。
蓄水池（承水池）的中央有座法烏努斯（牧神）的青銅像，這座宅邸的名稱也是源自於此。如今則擺了一座複製品。
特色在於承水池底部為細膩的馬賽克圖案。

悲劇詩人之家

規模比農牧神之家還要小，為富裕階層典型的宅邸，特色在於以無數神話畫作裝飾內部。插圖重現了宅邸內的中庭。

中庭設有天窗，是個總是明亮的空間。
一般認為悲劇詩人之家是於19世紀中葉出土。
主房（Tablinum）
接待室。以神話畫作加以裝飾，亦為此住宅名稱之由來。

「當心惡犬」

悲劇詩人之家的玄關處有幅寫著「當心惡犬（CAVE CANEM）」的馬賽克畫。「當心惡犬」是羅馬帝政時期較為常見的主題，在這個很多人目不識丁的時代，栩栩如生的犬隻畫作發揮著防止犯罪的作用。

CAVE CANEM

實現便利且豐富的生活

龐貝城的生活

羅馬人以美食聞名，龐貝城的人們也過著飲食富足的生活。尤其是對那些一大早就開始工作的龐貝城人而言，從黎明開始營業的麵包店是生活中不可或缺的。因為火山爆發而被埋在火山灰層中的麵包店已出土，當時的設備挖出時的狀態十分良好。從遺跡的樣貌可清楚掌握其構造。以多個並排的熔岩製石磨研磨麵粉，再以半圓形的燒窯將又圓又大的麵包烤得恰到好處。

不僅限於麵包，龐貝城的人們也很享受海鮮類、水果與蔬菜等大自然的恩惠。採收的蔬菜會在市場或蔬果店販售流通。都市裡商店櫛比鱗次，支撐著人們的生活。此外，龐貝城的街道上所到之處皆設有引入自來水的水槽，隨時都有新鮮的水可以飲用。由此可見，龐貝城的人們過著十分舒適且富饒的日常生活。

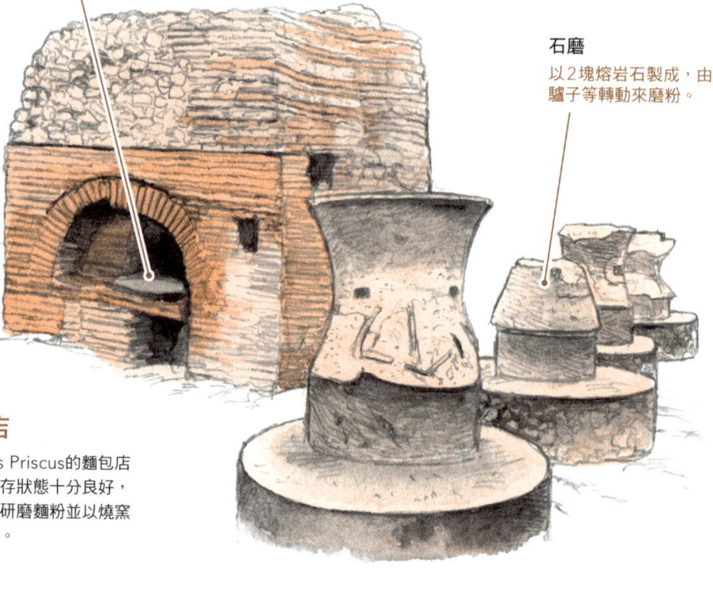
燒窯
出土時，從窯中挖出了多達81個已炭化的麵包。
石磨
以2塊熔岩石製成，由奴隸或驢子等轉動來磨粉。

麵包店

Popidius Priscus的麵包店遺跡。保存狀態十分良好，當時正在研磨麵粉並以燒窯烘烤麵包。

日常生活的後盾

龐貝城的主要街道上有商店林立，買賣蔬菜等產品。此外，道路隨處設有完善的共用水道，市民能隨時解渴。

蔬果店

主要街道上商店櫛比鱗次，向人們銷售各種農作物。

於都市周圍栽種洋蔥、蘿蔔、香草等各式各樣的蔬菜。

在那不勒斯灣捕得到魚，因此龐貝城人經常吃魚。日本人喜歡的鯛魚與鱸魚等似乎是高級魚。此外，據說錢鰻也頗受青睞。

共用水道

龐貝城中的富裕人家家裡與廣場浴場等處皆有自來水，街道上則為那些無法架設水管引水至自宅的庶民修建了許多公共水道。

人們在喝水時手會觸碰到，因此浮雕旁可以看到凹痕。

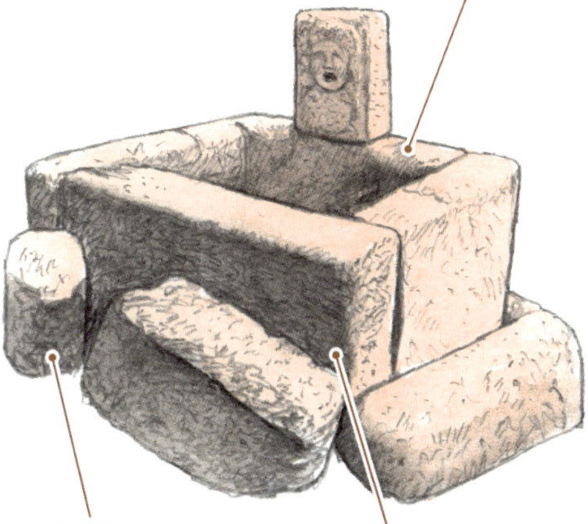

水管為鉛製。

道路上設有下水道，用來排水。據說汙水會沿著龐貝城的地形由北往南流。

各式各樣的臉孔

共用水道上加了各種浮雕。有些還安裝了水龍頭。

女神浮雕

掌管豐收的女神像，肩膀上刻有果實。

牛的浮雕

公牛被視為獻神供品之象徵。

神祕別墅

壁畫是以酒神戴歐尼修斯信仰的儀式為主題？

從龐貝城中心地區綿延至郊外的道路沿線有一座神祕別墅。屋主是憑藉葡萄酒釀造飛黃騰達的富裕階層，從1909年開始局部開挖，直到1929年才正式展開挖掘與修復。以享有「龐貝城紅」美譽的鮮明紅色描繪而成的壁畫為一大特色，壁畫呈現出酒神戴歐尼修斯（巴克斯）信仰的入教儀式。戴歐尼修斯信仰是從希臘傳進來的密教，羅馬帝國將其視為擾亂秩序之物而遭壓迫。

戴歐尼修斯是指出現在希臘神話中掌管豐收、醉酒與葡萄酒的神祇。濕壁畫是在鮮紅色的背景上描繪多達29個真人大小的人物，從房間入口左側開始講述故事，與儀式相關的各種描繪細緻入微。繪製這幅引人注目的紅色壁畫是出於什麼樣的目的？這點一直籠罩在迷霧之中。在眾多龐貝城的遺跡中，是格外充滿神祕色彩的遺跡。

神祕別墅的復原圖

是有90多個房間的大宅邸。「祕儀廳」的壁畫上描繪的戴歐尼修斯為葡萄酒之神，可能與其釀酒師身分有關。

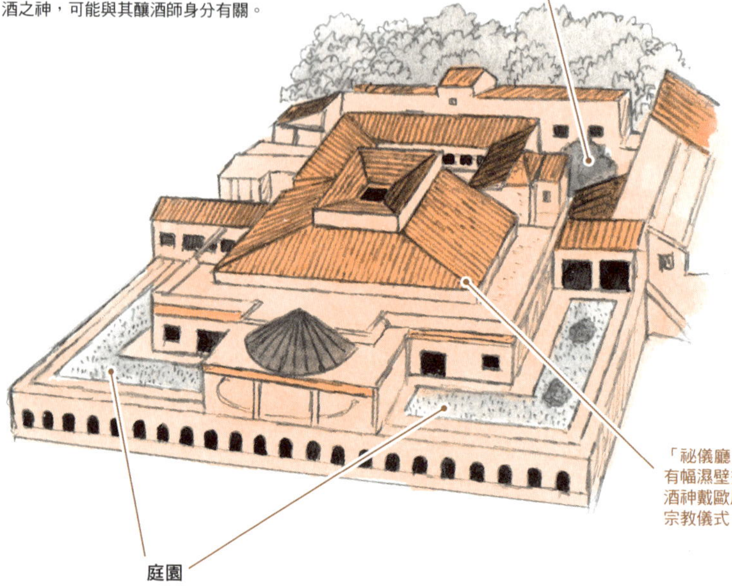
讓葡萄酒在中庭進行發酵。
「祕儀廳」的所在地，有幅濕壁畫，描繪的是酒神戴歐尼修斯信仰的宗教儀式。
庭園

以龐貝城紅繪製而成的壁畫

一般認為出現在「祕儀廳」裡的那幅濕壁畫所描繪的是酒神戴歐尼修斯信仰的宗教儀式。特色在於光彩奪目的鮮豔紅色（龐貝城紅）。

祕儀廳

透過29個人物來描繪入教儀式的情景。

正面牆壁中央繪有戴歐尼修斯與他的母親塞墨勒（也有一說認為是妻子阿里阿德涅）。

描繪出正在準備入教儀式「祕儀」的場景，以及即將入教而驚懼不已的女性的模樣等。

寬3m、全長17m的壁畫。

整面牆上所描繪的人物像，背景為鮮豔的紅色。這種紅稱作「龐貝城紅」。

酒神戴歐尼修斯

壁畫損壞嚴重，戴歐尼修斯的臉部有破損。

Thyrsus（葡萄與常春藤葉）為酒神戴歐尼修斯的一大象徵，纏繞在他的手杖上。

野蠻的新興宗教「酒神戴歐尼修斯信仰」

酒神戴歐尼修斯有時也被列為奧林帕斯十二神之一。父親為宙斯，母親則是人類塞墨勒。身為葡萄酒之神，戴歐尼修斯熟知葡萄樹的栽培與葡萄酒的釀造方式，並開始推廣葡萄酒的釀造技術以及透過酒帶來陶醉與解放的祭祀儀式。

祭祀儀式是在深夜進行的祕密儀式，此信仰主要在女性之間廣傳。據說在祕密儀式中會飲酒、唱歌跳舞、一邊狂喜亂舞一邊將野獸撕碎生吃等，這般狂妄的儀式十分惹眼，因此酒神戴歐尼修斯信仰在羅馬是被禁止的。

主要參考文獻

- 《決定版ゼロからわかるローマ帝国》本村凌二 著(学研パブリッシング，2013)
- 《ローマ帝国人物列伝》本村凌二 著(祥伝社新書，2016)
- 《はじめて読む人のローマ史1200年》本村凌二 著(祥伝社新書，2014)
- 《アカデミア世界史》(浜島書店，2004)
- 《ローマ帝国大図鑑》Nigel Rogers著、田中敦子譯(ガイアブックス，2013)
- 《歴史群像シリーズ特別編集　決定版　図說・激闘　ローマ戦記》(学研，2007)
- 《ローマ皇帝歴代誌》Christopher Scarre著、青柳正規 監修、月村澄枝 譯(創元社，1998)
- 《ナショナル・ジオグラフィック別冊　ローマ帝国》(日経 BP，2021)
- 《ポンペイの遺産—2000年前のローマ人の暮らし》青柳正規 監修(小学館，1999)
- 《古代ローマ 饗宴と格差の作法》祝田秀全 監修(G・B，2021)
- 《古代ローマの歴史—ヨーロッパ文明のルーツを求めて》Bernardo Rogora著、長谷川岳男 譯(PHPエディターズ・グループ，2000)
- 《鳥瞰図で見る古代都市の世界—歴史・建築・文化》Gérard Coulon著、吉田春美 譯(原書房，2017)
- 《図録 古代ローマ帝国の遺産》国立西洋美術館(東京新聞 等，2009)
- 《図録 ポンペイ特別展》東京国立博物館(朝日新聞 等，2022)
- 《羅馬帝國衰亡史》愛德華 · 吉朋 著、席代岳 譯(聯經出版公司，2018)
- 《GODS AND HEROES IN POMPEII》De Carolis, Ernesto著(Oxford University Press, USA，2001)
- 《Journey to Pompeii》
- 《Pompeii・Herculaneum》

PROFILE

監修 本村凌二

東京大學名譽教授。文學博士。

1947年出生於熊本縣。1973年畢業於一橋大學社會學系，1980年修完東京大學研究所人文科學研究科的博士課程。曾任職東京大學教養學系教授、該校研究所的綜合文化研究科教授，並於2014年4月～2018年3月期間任職早稻田大學國際教養學系特聘教授。

主修古羅馬史。以《灰暗的羅馬世界》（暫譯，東京大學出版會）獲得三得利學藝獎、以《馬的世界史》（玉山社出版）獲得JRA賞的馬事文化獎，又憑藉這一系列的事蹟獲得地中海學會賞。著作無數，有《多神教與一神教》（暫譯，岩波書店）、《愛慾的羅馬史》、《英語版高中世界史》、《裕次郎》（暫譯，皆為講談社出版）、《初讀者的羅馬1200年歷史》、《羅馬帝國 人物列傳》（暫譯，皆為祥傳社出版）、《賽馬的世界史》（暫譯，中央公論新社）、《教你解讀「世界史」》（暫譯，PHP研究所）、《想讀通世界史，先讀懂羅馬史：教你快速讀懂長達一二〇〇年的羅馬帝國興衰史》（五南圖書出版）、《獨裁的異議：從雅典民主、羅馬共和到近代獨裁的思辨》（八旗文化出版）、《公共浴池與浮世澡堂：古羅馬與大江戶日本的比較史》（暫譯，NHK出版）等等。

國家圖書館出版品預行編目(CIP)資料

古羅馬解剖圖鑑：從戰爭、貿易與建國神話，詳解長達1200年的羅馬帝國興衰史/本村凌二監修；童小芳譯. -- 初版. -- 臺北市：臺灣東販股份有限公司, 2025.06
160面；14.8×21公分
ISBN 978-626-379-924-0(平裝)

1.CST: 古羅馬 2.CST: 歷史

740.222 114004684

古羅馬解剖圖鑑

從戰爭、貿易與建國神話，詳解長達1200年的羅馬帝國興衰史

2025年6月1日初版第一刷發行

監 修 者　本村凌二
譯　　者　童小芳
編　　輯　謝宥融
發 行 人　若森稔雄
發 行 所　台灣東販股份有限公司
＜地址＞台北市南京東路4段130號2F-1
＜電話＞(02)2577-8878
＜傳真＞(02)2577-8896
＜網址＞https://www.tohan.com.tw
郵撥帳號　1405049-4
法律顧問　蕭雄淋律師
總 經 銷　聯合發行股份有限公司
＜電話＞(02)2917-8022

TOHAN